中国城乡收入差距研究

兼论旅游业发展对城乡收入差距的影响

贺建清 著

ZHONGGUO CHENGXIANG SHOURU CHAJU YANJIU

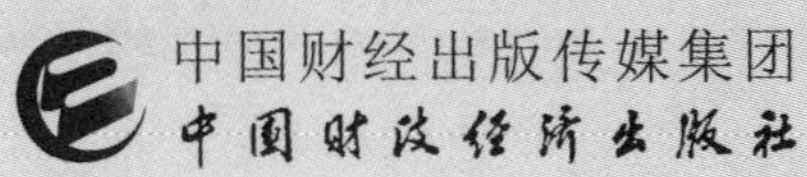

图书在版编目（CIP）数据

中国城乡收入差距研究：兼论旅游业发展对城乡收入差距的影响 / 贺建清著. --北京：中国财政经济出版社，2020.12

ISBN 978-7-5223-0227-0

Ⅰ.①中… Ⅱ.①贺… Ⅲ.①居民收入-收入差距-城乡差别-研究-中国 Ⅳ.①F126.2

中国版本图书馆 CIP 数据核字（2020）第 261712 号

责任编辑：马　真　　　　责任校对：徐艳丽

封面设计：思梵星尚　　　　责任印制：党　辉

中国城乡收入差距研究

ZHONGGUO CHENGXIANG SHOURU CHAJU YANJIU

中国财政经济出版社 出版

URL：http：//www.cfeph.cn

E-mail：cfeph@cfeph.cn

社址：北京市海淀区阜成路甲 28 号　邮政编码：100142

营销中心电话：010-88191522

天猫网店：中国财政经济出版社旗舰店

网址：https：//zgczjjcbs.tmall.com

北京财经印刷厂印刷　各地新华书店经销

成品尺寸：170mm×240mm　16 开　12.75 印张　185 000 字

2020 年 12 月第 1 版　2020 年 12 月北京第 1 次印刷

定价：52.00 元

ISBN 978-7-5223-0227-0

（图书出现印装问题，本社负责调换，电话：010-88190548）

本社质量投诉电话：010-88190744

打击盗版举报热线：010-88191661　QQ：2242791300

目　录

绪论

城乡发展不平衡和收入分配差距问题一直都是全社会关注的焦点。近年来，虽然随着脱贫攻坚与乡村振兴战略的实施，城乡收入分配差距有减缓趋势，但城乡收入差距依然较大。探讨城乡收入差距的演变规律及其成因，采取有效对策抑制城乡收入差距，对于促进经济可持续发展，推动城乡一体化融合，构建和谐社会，实现社会公平公正，具有至关重要的意义。

鉴于此，本书在对城乡收入差距的演变规律进行分析的基础上，从城镇化与工业化、旅游业发展、财政支农、城乡二元金融结构、高等教育发展等视角，借助时间序列数据回归、面板数据回归、空间计量模型等研究方法，深入探讨中国城乡收入差距的成因。

一、中国城乡收入差距的动态演变

1. 全国城乡居民收入比，2000～2003 年处于上升趋势，2004～2010 年全国城乡居民收入比保持稳定，2011～2013 年全国城乡居民收入比有小幅度下降，2014～2018 年全国城乡居民收入比在 2.719 左右波动。全国和西部地区城乡居民收入比存在 δ－收敛，东部地区和中部地区居民城乡居民收入比不存在 δ－收敛。

2. 全国城乡居民消费支出比，2000～2012 年居于高位运行，2013 年后全国城乡居民消费支出比才逐渐下降。

3. 从全国来看，2000～2015 年城乡居民收入比与消费支出比处于良好协调，2016～2018 年城乡居民收入比与消费支出比处于优质协调。从各省市自治区来看，上海、江苏、浙江城乡居民收入比与消费支出比一直处于优质协调状态。

二、城镇化与工业化对城乡收入差距的影响

1. 基于时间序列数据，以泰尔指数为被解释变量，城镇化率、工业化率为解释变量，以市场化程度、经济开放水平为控制变量，建立计量模型，借助协整检验、误差修正模型、格兰杰检验，研究城镇化、工业

化对城乡收入差距的影响。研究结果表明：城镇化，无论是长期还是短期都缩小了城乡收入差距；工业化在短期内扩大了城乡收入差距，但长期来看工业化具有缩小城乡收入差距的作用，控制变量市场化有助于缩小城乡收入差距，但经济开放水平提高扩大了城乡收入差距。

2. 在对城镇化、工业化影响城乡收入差距的机理进理论分析的基础上，利用 1997 ~ 2010 年全国 31 个省市自治区的面板数据模型进行了实证检验。结果发现，城镇化缩小了城乡收入差距，工业化扩大了城乡收入差距；它们的作用存在区域差异，西部地区城镇化缩小城乡收入差距和消费差距的效果最为突出，东部、中部地区工业化加剧城乡居民收入差距和消费差距的效果比西部地区更为显著。

3. 从农民收入来源和行业收入差距分析了城镇化、工业化对城乡收入差距的影响。

三、旅游发展对城乡收入差距的影响

1. 基于误差修正模型对国内旅游发展与城乡收入差距的关系进行研究后发现：国内旅游人次增长率与国内旅游总花费增长率在长期具有缩小城乡居民收入差距的作用，国内旅游人次增长率的影响要大于国内旅游总花费增长率对城乡居民收入差距的影响，但在短期内国内旅游人次增长率与国内旅游总花费增长率对城乡收入差距的影响均不显著。

2. 以城乡收入差距为被解释变量，经济开放水平和国际旅游收入增长率为解释变量，城镇化率为控制变量，构建空间计量模型来考察经济开放、国际旅游发展对城乡收入差距的影响。结果发现：经济开放、国际旅游发展与城乡收入差距以及经济开放和国际旅游的交互项具有明显的空间相关性；经济开放、国际旅游发展减缓城乡收入差距与消费差距的效果明显，且二者对收入差距、消费差距的偏效应显著。

四、财政金融对城乡收入差距的影响

1. 在对财政支农支出缩小城乡收入差距的机理进行理论阐述的基础

上，构建计量经济模型就财政支农支出与城乡收入差距的关系进行了实证检验。结果发现，财政支农支出具有缩小城乡收入差距的效应。从财政支农支出结构来看，1997～2002 年，农村生产性支出显著缩小了城乡收入差距，农林水利气象等部门事业费支出则扩大了城乡收入差距，而农业综合开发支出对城乡收入差距没有显著影响；2003～2006 年，农业支出显著缩小了城乡收入差距，林业支出和农林水利气象等部门事业费支出对城乡收入差距没有显著影响。

2. 以城乡收入差距为被解释变量，以城乡金融规模差异、城乡金融效率差异为解释变量，以城镇化水平、政府经济行为为控制变量，构建计量模型，借助协整检验、格兰杰检验、误差修正模型，研究城乡金融规模差异、城乡金融效率差异对城乡收入差距的影响。研究结果表明：从长期来看，城乡金融规模差异扩大了城乡收入差距，而城乡金融效率差异扩大城乡收入差距的效应并不显著；在短期内，城乡金融效率差异对城乡收入差距没有影响，而城乡金融规模差异缩小了城乡收入差距。

五、高等教育发展对城乡收入差距的影响

利用 1997～2010 年全国 31 个省市自治区的面板数据就高等教育发展对城乡收入差距的影响进行实证研究。结果发现：高等教育规模的扩张和教育质量的提升都具有缩小城乡收入差距的作用，但存在区域差异，高等教育规模的扩张只在东部地区具有缩小城乡收入差距的作用，而高等教育质量的提升无论是在东部、中部还是西部地区都具有缩小城乡收入差距的作用。

六、缩小城乡收入差距的对策

一是提高城镇化和工业化质量，统筹城乡协调发展；二是全面推进旅游业发展，促进城乡融合和缩小城乡收入差距；三是提高财政支农支出规模与效益、优化支出结构；四是破解城乡二元金融结构，缩小城乡金融规模差距和效率差距；五是大力发展高等教育、提升农村人力资本水平。

第一章

城乡收入差距的动态演变及其收敛性

第一节　城乡收入差距的动态演变及其收敛性——基于城乡居民收入比的视角

一、城乡居民收入比的时空特征

从已有文献来看，国内学者普遍采用以下三种指标来度量城乡收入差距：一是城镇居民人均可支配收入与农村居民人均纯收入之比，如潘文轩（2010）、陈晓毅（2010）；二是基尼系数，如王小鲁等（2005）；三是城乡居民消费支出比和城乡消费水平比，如程开明等（2007）。城乡居民收入比是计算最简单、能直观反映城乡收入差距的指标。其计算公式如下：

$$城乡居民收入比 = \frac{城镇居民人均可支配收入}{农村居民人均纯收入} \tag{1-1}$$

我们采用式（1-1）计算城乡居民收入比，如表1-1所示，城镇居民人均可支配收入与农村居民人均纯收入原始数据来源于《中国统计年鉴》（2001~2019）。

全国城乡居民收入比，2000~2003年处于上升趋势，2004~2010年保持稳定，2011~2013年有小幅度下降，2014~2018年在2.719左右波动。

从各省市自治区来看，北京城乡居民收入比2000~2004年有扩大趋势，2006~2010年有所下降，经历了2011年和2012年的稳定期后，城乡居民收入比扩大到2.56以上。天津城乡居民收入比2000~2007年一直在2.24~2.33之间波动，2008年和2012年有小幅度下降，2014~2018年维持在1.85左右。整体来看，河北城乡居民收入比2000~2008年处于扩大趋势，2010~2018年呈现缩小态势。山西城乡居民收入比2000~2010年处于上升趋势，2011年以后处于下降趋势。内蒙古城乡居民收入

表 1-1　　2000~2018 年城乡居民收入比

年度＼地区	全国	北京	天津	河北	山西	内蒙古	辽宁
2000	2.786866	2.247709	2.247273	2.283776	2.479054	2.516448	2.27451
2001	2.89874	2.303805	2.269335	2.298671	2.756095	2.8053	2.266292
2003	3.230902	2.478353	2.258626	2.537012	3.046765	3.092585	2.467449
2004	3.208558	2.534358	2.284508	2.507461	3.051771	3.116591	2.421296
2005	3.223735	2.402985	2.265026	2.615749	3.083698	3.056938	2.468033
2006	3.278316	2.414065	2.293389	2.710428	3.152453	3.09945	2.535109
2007	3.329616	2.329404	2.333411	2.722874	3.154943	3.131173	2.576845
2008	3.314854	2.31899	2.455198	2.802878	3.201924	3.099655	2.580963
2010	3.228486	2.19215	2.41121	2.729689	3.303808	3.200626	2.564094
2011	3.125824	2.232882	2.184918	2.569245	3.235596	3.072707	2.466913
2012	3.102946	2.213482	2.112319	2.542068	3.21109	3.041561	2.474783
2013	2.700751	2.605893	1.886386	2.41918	2.79995	2.894145	2.627347
2014	2.749945	2.572271	1.851747	2.370024	2.732241	2.841695	2.598552
2015	2.731187	2.569885	1.845149	2.366608	2.731962	2.839122	2.581567
2016	2.719009	2.567305	1.848493	2.370035	2.712849	2.84046	2.552354
2017	2.709583	2.574464	1.851524	2.371558	2.700514	2.834484	2.545567
2018	2.685284	2.566596	1.863253	1.637614	2.64126	2.77518	2.547839
均值	3.0014	2.4191	2.1330	2.4621	2.9409	2.9564	2.5029

年度＼地区	吉林	黑龙江	上海	江苏	浙江	安徽	福建
2000	2.378245	2.286954	2.093859	1.891533	2.181448	2.736293	2.30066
2001	2.447262	2.379477	2.194473	1.948658	2.283695	2.806274	2.458965
2003	2.768393	2.662041	2.234396	2.184924	2.445617	3.185943	2.678049
2004	2.613869	2.485941	2.360888	2.204933	2.447215	3.005378	2.732777
2005	2.662576	2.56809	2.260614	2.334704	2.44653	3.20742	2.768612
2006	2.684625	2.584797	2.261593	2.422794	2.490194	3.2909	2.844672
2007	2.69258	2.479323	2.328597	2.496264	2.489225	3.226296	2.836258
2008	2.600877	2.385144	2.331669	2.539196	2.454832	3.091108	2.898846
2010	2.470801	2.231063	2.277734	2.516304	2.420606	2.987259	2.932775
2011	2.369732	2.067823	2.256818	2.437839	2.369476	2.985479	2.837302
2012	2.350272	2.064163	2.257305	2.43215	2.374278	2.936154	2.814765
2013	2.180938	2.225253	2.336401	2.335981	2.119579	2.575062	2.470355
2014	2.153765	2.162878	2.304753	2.296121	2.084967	2.50479	2.42861
2015	2.198522	2.181358	2.282329	2.286657	2.069325	2.489284	2.41253
2016	2.188453	2.175171	2.260611	2.280615	2.065818	2.487607	2.401088
2017	2.186705	2.166998	2.249621	2.27695	2.05406	2.479997	2.387626
2018	2.194607	2.114745	2.239811	2.264321	2.03551	2.457352	2.36355
均值	2.4201	2.3071	2.2666	2.3029	2.2843	2.8502	2.6216

续表

地区 年度	江西	山东	河南	湖北	湖南	广东	广西
2000	2. 3901	2. 440572	2. 400147	2. 435231	2. 830349	2. 671124	3. 129203
2001	2. 4673	2. 532024	2. 510854	2. 489617	2. 948767	2. 762802	3. 42829
2003	2. 808275	2. 666223	3. 097993	2. 852616	3. 029844	3. 053443	3. 716879
2004	2. 712681	2. 690804	3. 017807	2. 77603	3. 036723	3. 121402	3. 769696
2005	2. 754864	2. 733662	3. 019586	2. 834905	3. 054762	3. 148914	3. 722621
2006	2. 760814	2. 791053	3. 008332	2. 866817	3. 09907	3. 15281	3. 572937
2007	2. 831283	2. 861329	2. 979814	2. 87326	3. 148799	3. 147079	3. 784197
2008	2. 739178	2. 890297	2. 970453	2. 824696	3. 062888	3. 083361	3. 833262
2010	2. 674434	2. 853366	2. 883968	2. 753365	2. 946606	3. 028776	3. 755745
2011	2. 538568	2. 732137	2. 755106	2. 663683	2. 86948	2. 870066	3. 604066
2012	2. 536629	2. 726415	2. 716649	2. 654147	2. 865359	2. 867037	3. 536017
2013	2. 433732	2. 515453	2. 423956	2. 4661	2. 697207	2. 66876	2. 911473
2014	2. 402902	2. 45928	2. 375262	2. 290725	2. 64112	2. 625278	2. 841003
2015	2. 379016	2. 439623	2. 356568	2. 284003	2. 623434	2. 601509	2. 790432
2016	2. 362334	2. 437427	2. 328255	2. 309297	2. 6222	2. 596732	2. 734227
2017	2. 356032	2. 433564	2. 32388	2. 308718	2. 624337	2. 58529	2. 693223
2018	2. 338841	2. 42679	2. 304598	2. 300378	2. 604101	2. 582815	2. 608494
均值	2. 5581	2. 6253	2. 6749	2. 5873	2. 8650	2. 8569	3. 3195
地区 年度	海南	重庆	四川	贵州	云南	西藏	陕西
2000	2. 455399	3. 316343	3. 096381	3. 727521	4. 277452	5. 580301	3. 548987
2001	2. 622465	3. 409678	3. 201051	3. 861872	4. 432103	5. 604775	3. 678386
2003	2. 8049	3. 65477	3. 157987	4. 198503	4. 503848	5. 184325	4. 061892
2004	2. 745506	3. 673094	3. 060766	4. 25317	4. 758562	4. 892295	4. 014129
2005	2. 704345	3. 646243	2. 992019	4. 342734	4. 538119	4. 538814	4. 029963
2006	2. 885899	4. 025896	3. 114233	4. 59363	4. 474592	3. 671962	4. 100407
2007	2. 9005	3. 587843	3. 129194	4. 498081	4. 364357	3. 992156	4. 069793
2008	2. 871965	3. 482021	3. 065454	4. 204167	4. 270683	3. 930169	4. 099491
2010	2. 953546	3. 322638	3. 039413	4. 073452	4. 064883	3. 619599	3. 823456
2011	2. 849662	3. 124756	2. 920613	3. 97916	3. 933854	3. 302332	3. 628819
2012	2. 823665	3. 110836	2. 900406	3. 934465	3. 890768	3. 152146	3. 598058
2013	2. 546258	2. 715125	2. 652225	3. 486876	3. 340472	3. 112049	3. 150771
2014	2. 47024	2. 647408	2. 592552	3. 379932	3. 258942	2. 991602	3. 071758
2015	2. 427461	2. 593011	2. 557263	3. 327458	3. 199816	3. 088007	3. 040684
2016	2. 402579	2. 563903	2. 529237	3. 305514	3. 171977	3. 057292	3. 026702
2017	2. 388612	2. 547354	2. 513057	3. 346699	3. 142899	2. 969071	3. 001637
2018	2. 38394	2. 531659	2. 491554	3. 2515	3. 109975	2. 95179	2. 971541
均值	2. 6610	3. 1737	2. 8831	3. 8685	3. 5255	3. 8611	3. 5833

续表

年度＼地区	甘肃	青海	宁夏	新疆
2000	3.441113	3.468631	2.848924	3.488616
2001	3.568136	3.758843	3.041143	3.73882
2003	3.979104	3.759661	3.196046	3.405932
2004	3.982655	3.739006	3.111084	3.342379
2005	4.084501	3.745287	3.225989	3.219041
2006	4.180122	3.816343	3.324926	3.240907
2007	4.299134	3.82895	3.413982	3.240194
2008	4.02726	3.802521	3.512647	3.26361
2010	3.851065	3.586885	3.282321	2.938777
2011	3.83404	3.385797	3.249368	2.850642
2012	3.807008	3.274615	3.2088	2.802874
2013	3.555933	3.149746	2.826233	2.68798
2014	3.473839	3.062957	2.76868	2.660996
2015	3.42653	3.093541	2.762017	2.787737
2016	3.445601	3.0882	2.756202	2.795133
2017	3.437724	3.082644	2.744699	2.786235
2018	3.402619	3.032194	2.724316	2.736114
均值	3.7527	3.4515	3.0587	3.0580

注：2002 年、2009 年数据没有收集到，但不影响分析。

比在 2010 年处于最大值 3.2006，之后呈现减缓趋势。辽宁城乡居民收入比较为稳定，除了 2000 年和 2001 年之外，其余年份在 2.42 ~ 2.63 之间波动。

吉林城乡居民收入比 2004 ~ 2007 年有扩大之势，2008 ~ 2014 年有缩小态势，2015 年后稳定在 2.18 ~ 2.20 之间。黑龙江城乡居民收入比 2003 ~ 2007 年为最高区位，2008 年以后总体呈下降趋势。上海城乡居民收入比 2000 ~ 2003 年处于上升趋势，2005 ~ 2018 年相对稳定，在 2.23 ~ 2.336 之间波动。江苏城乡居民收入比 2000 ~ 2008 年呈上升趋势，2010 年后逐渐下降。浙江城乡居民收入比 2000 ~ 2006 年总体呈扩大趋势，2007 年之后有缩小倾向。安徽城乡居民收入比最大值为 3.2909，最小值为 2.7752。福建城乡居民收入比 2000 ~ 2010 年总体处于上升趋势，随后呈现下降趋势。

江西城乡居民收入比 2003 ~ 2010 年居于高位，2011 年后逐渐缩小。

山东城乡居民收入比 2000～2010 年总体呈扩大之势，2011 年后逐渐缩小。河南城乡居民收入比 2000～2005 年呈现上升态势，2006～2018 年呈现下降态势。湖北、湖南、广东、广西城乡居民收入比演变趋势较为一致，2000～2007 年基本处于上升期，2008～2018 年之后处于下降期。

海南城乡居民收入比 2000～2010 年总体呈上升之势，2011 年后逐渐下降。重庆城乡居民收入比 2000～2006 年呈现扩大之势，随后逐渐缩小。四川城乡居民收入比 2000～2007 年处于上升态势，2008～2018 年有减缓态势。贵州城乡居民收入比 2000～2006 年呈上升走势，随后逐步下降。云南城乡居民收入比从 2000 年的 4.277452 攀升到 2004 年的 4.758562，随后转入下滑走势。西藏城乡居民收入比 2000～2018 年总体呈缩小趋势。陕西和新疆城乡居民收入比 2000～2008 年一直在高位运行，2009 年后逐渐走低。

甘肃和青海城乡居民收入比演变趋势基本一致，2000～2007 年呈上升走势，在 2007 年达到最高点后转入下滑态势。宁夏城乡居民收入比 2000～2008 年呈上升走势，随后逐渐缩小。

北京、天津、河北、辽宁 2000～2018 年城乡居民收入比均小于全国城乡居民收入比；山西 2010～2013 年城乡居民收入比均大于全国城乡居民收入比，2000～2008 年以及 2014～2018 年城乡居民收入比均小于全国城乡居民收入比；内蒙古 2000～2012 年城乡居民收入比均小于全国城乡居民收入比，2013～2018 年城乡居民收入比大于全国城乡居民收入比。

吉林、黑龙江、上海、江苏、浙江、安徽、福建、江西、山东、河南、湖北、广东、海南 2000～2018 年城乡居民收入比均小于全国城乡居民收入比；湖南 2000 年和 2001 年城乡居民收入比大于全国城乡居民收入比，2003～2018 年城乡居民收入比均小于全国城乡居民收入比；广西 2000～2016 年城乡居民收入比均大于全国城乡居民收入比，2017～2018 年城乡居民收入比小于全国城乡居民收入比。

重庆 2014～2018 年以及 2011 年城乡居民收入比小于全国城乡居民收入比，2000～2010 年、2012～2013 年城乡居民收入比大于全国城乡居民收入比；四川在 2000 年和 2001 年城乡居民收入比大于全国城乡居民收入比，2003～2018 年城乡居民收入比均小于全国城乡居民收入比；贵州、云南、西藏、陕西、甘肃、青海 2000～2018 年城乡居民收入比均大于全国城乡居民收入比；宁夏在 2003 年和 2004 年城乡居民收入比小于全国城乡居民收入比，2005～2018 年以及 2000 年、2001 年城乡居民收入比大于全国城乡居民收入比；新疆 2000～2004 年城乡居民收入比大于全国城乡居民收入比，2005～2018 年城乡居民收入比小于全国城乡居民收入比。

城乡居民收入比均值最大的是贵州，为 3.8685，其次是西藏，均值为 3.8611；城乡居民收入比均值最小的是天津，为 2.1330，其次是上海，均值为 2.2666。

从城乡居民收入比的区域结构来看（见图 1－1），西部地区城乡居民收入比大于中部地区、东部地区，2003～2009 年东部地区城乡居民收入比处于上升趋势，2010～2016 年城乡居民收入比才逐渐缩小；2003～2007 年中部地区城乡居民收入比有扩大态势，在 2009 年达到最大值 3.051，2010～2016 年城乡居民收入比处于下降趋势；西部地区城乡居民收入比 2003～2009 年处于扩大趋势，2010～2016 年城乡居民收入比逐渐缩小。

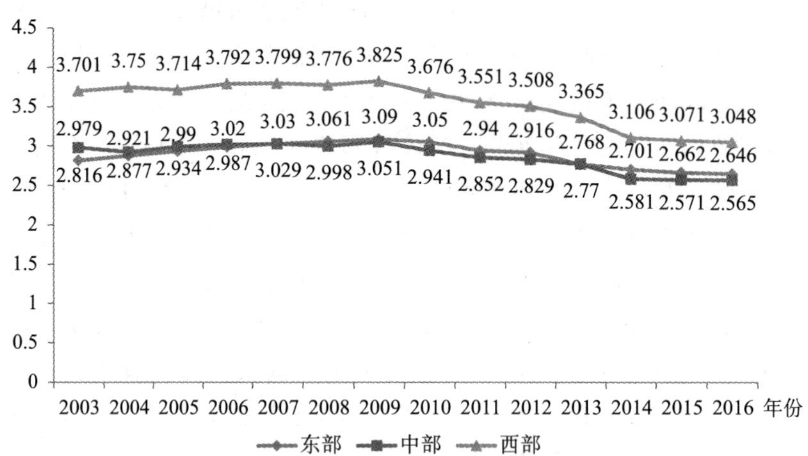

图 1－1　2003～2016 年城乡居民收入比的区域结构

资料来源：程名望，张家平．互联网普及与城乡收入差距：理论与实证［J］．中国农村经济，2019（2）：19－41.

二、城乡居民收入比的动态演进

Kernel 密度估计可以揭示经济变量的动态演变趋势及其区域内极化程度。核密度函数如式（1－2）所示，$K(\bullet)$ 表示核函数。

$$f(x) = \frac{1}{Nh}\sum_{i=1}^{N} K\left(\frac{X_i - \overline{X}}{h}\right) \tag{1－2}$$

$$K(x) = \frac{1}{\sqrt{2\pi}} exp\left(-\frac{x^2}{2}\right) \tag{1－3}$$

全国 31 个省市自治区城乡居民收入比核密度曲线如图 1－2 所示。整体来看，核密度曲线有向左移动的趋势，说明城乡居民收入比有缩小的迹象。2000 年、2003 年、2005 年核密度曲线出现较长的右拖尾现象，表明城乡居民收入比扩大的省市自治区在增加；2005 年、2007 年核密度曲线演变为一个主峰和一个侧峰，表明城乡居民收入比出现两极分化现象；

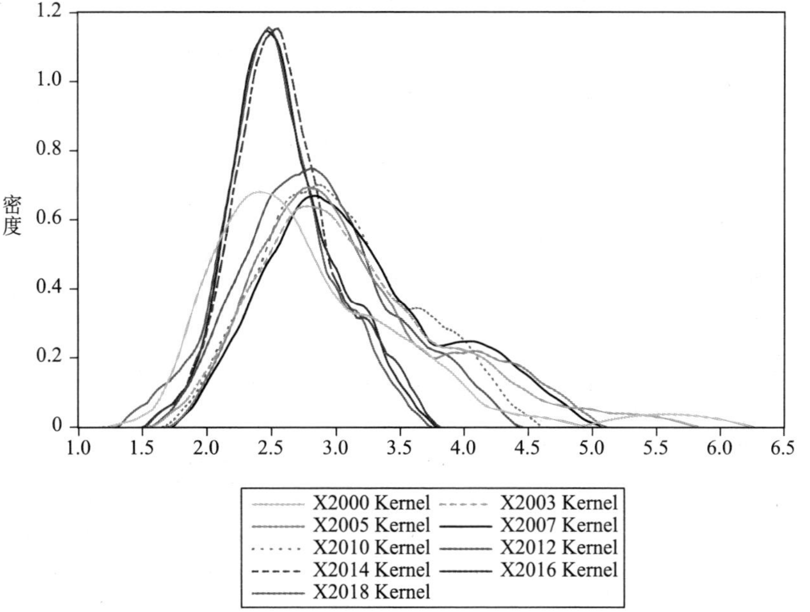

图 1－2 全国 31 个省市自治区城乡居民收入比核密度曲线

2014 年、2016 年、2018 年核密度曲线波峰宽度变窄、波峰高度上升，表明城乡居民收入比差距在缩小。

三、城乡居民收入比的收敛性

δ－收敛模型计算方法如下：

$$CV = \sqrt{\frac{\sum (D_{it} - \bar{D})^2}{n}} / \bar{D} \qquad (1-4)$$

式（1－4）中，CV 代表城乡居民收入比的 δ－收敛系数，D_{it} 为各地的城乡居民收入比，$\bar{D}$ 为城乡居民收入比均值。借助 δ－收敛模型计算城乡居民收入比的收敛性系数如表 1－2 和图 1－3 所示。

表 1－2　2000～2018 年城乡居民收入比的 δ－收敛系数

年份	全国	东部	中部	西部
2000	0.266919	0.084378	0.071128	0.211279
2001	0.261794	0.090118	0.074243	0.188217
2003	0.223076	0.098626	0.130653	0.153251
2004	0.223827	0.096957	0.072574	0.153697
2005	0.210302	0.099825	0.073022	0.141626
2006	0.199608	0.101893	0.078774	0.131049
2007	0.195724	0.099243	0.082102	0.122361
2008	0.259626	0.093816	0.090195	0.108785
2010	0.175605	0.105239	0.111155	0.104002
2011	0.177156	0.097981	0.127265	0.108803
2012	0.174317	0.100557	0.125154	0.110776
2013	0.144244	0.093157	0.080573	0.097249
2014	0.142227	0.093457	0.081541	0.09438
2015	0.141113	0.0929	0.076657	0.090479
2016	0.140937	0.091606	0.075888	0.093234
2017	0.140365	0.091573	0.075689	0.096035
2018	0.151279	0.128411	0.073406	0.095151
是否收敛	是	否	否	是

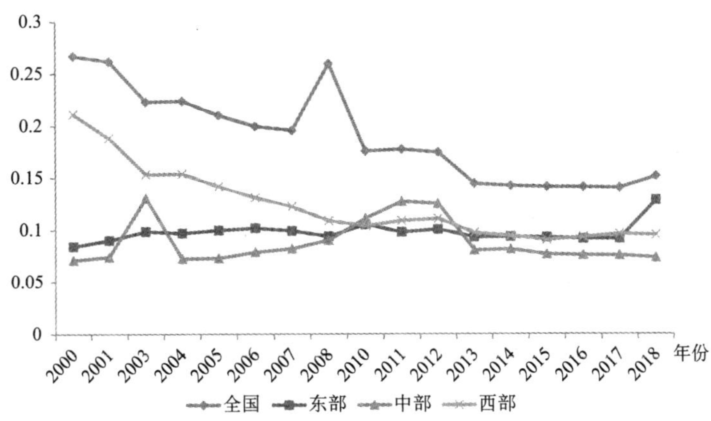

图 1－3　2000～2018 年城乡居民收入比的 δ－收敛系数变动轨迹

从全国层面看，城乡居民收入比的 δ－收敛系数 2000～2018 年呈现缩小趋势（2008 年除外），因此全国城乡居民收入比存在 δ－收敛。西部地区除了 2011 年和 2012 年，城乡居民收入比 δ－收敛系数总体呈现下降趋势，因此西部地区城乡居民收入比也存在 δ－收敛。东部地区城乡居民收入比的 δ－收敛系数 2000～2003 年出现上升，2004 年稍有下降，2005 年和 2006 年有所上升，2007 年和 2008 年又有所下降，2010～2017 年在 0.091573～0.105239 之间波动，2018 年上扬到 0.128411，因此东部地区城乡居民收入比不存在 δ－收敛。中部地区城乡居民收入比的 δ－收敛系数在 0.071128～0.130653 之间波动，并没有明显的下降趋势，因此中部地区城乡居民收入比也不存在 δ－收敛。

第二节　城乡收入差距的动态演变及其收敛性——基于城乡居民消费支出比的视角

一、城乡居民消费支出比的时空特征

从消费支出的角度衡量城乡收入差距，采用城乡居民消费支出比对

城乡收入差距进行测度，其计算公式如下：

$$城乡居民消费支出比 = \frac{城镇居民人均消费支出}{农村居民人均消费支出} \tag{1-5}$$

表1-3列出了全国及各省市自治区2000~2018年城乡居民消费支出比。城镇居民人均消费支出与农村居民人均消费支出原始数据来源于《中国统计年鉴》(2001~2019)。

表1-3　　2000~2018年城乡居民消费支出比

年度＼地区	全国	北京	天津	河北	山西	内蒙古	辽宁
2000	2.992581	2.479337	3.067253	3.185156	3.430666	2.432179	2.484152
2001	3.04925	2.511981	3.406921	3.133107	3.375152	2.698857	2.605647
2003	3.350455	2.682188	3.391878	3.399644	3.559244	3.060693	3.225935
2004	3.287525	2.642531	3.331596	3.171362	3.45512	2.986345	3.156503
2005	3.108279	2.491521	3.179639	3.093504	3.377879	2.832428	2.62631
2006	3.07405	2.589817	3.157097	2.942893	3.182488	2.765762	2.604444
2007	3.101097	2.395655	3.399612	2.955023	3.020178	2.85044	2.799668
2008	3.071246	2.259581	3.508748	2.907242	2.843079	2.992894	2.94478
2010	3.074396	2.153968	3.354806	2.683624	2.672769	3.137223	2.958022
2011	3.202994	1.994727	2.760879	2.571733	2.60672	3.288754	2.910538
2012	3.079585	2.032956	2.410959	2.422652	2.278674	3.091337	2.928405
2013	2.407802	1.93712	1.73819	1.849046	2.038837	2.120038	2.563914
2014	2.382089	2.319729	1.767982	1.964573	2.093468	2.094342	2.630482
2015	2.319563	2.317471	1.77955	1.949129	2.131542	2.056565	2.429526
2016	2.278317	2.2076	1.781324	1.961934	2.116481	1.984236	2.511368
2017	2.231503	2.144882	1.84815	1.955248	2.18471	1.940005	2.352711
2018	2.153716	2.125524	1.93646	1.943933	2.157585	1.930032	2.308852

年度＼地区	吉林	黑龙江	上海	江苏	浙江	安徽	福建
2000	2.588515	2.482838	2.143312	2.277335	2.172851	3.203163	2.340027
2001	2.61013	2.612823	1.964159	2.32991	2.285714	3.198544	2.403096
2003	3.025	3.018108	1.947298	2.480644	2.26665	3.172609	2.708989
2004	3.078812	3.030156	1.995786	2.450174	2.28287	3.148983	2.706328
2005	2.946566	2.427844	1.892487	2.417033	2.255448	2.899361	2.670936
2006	2.722534	2.541997	1.843836	2.32844	2.203757	3.013181	2.730888
2007	2.792519	2.412005	1.950889	2.238783	2.071746	3.097958	2.727325
2008	2.825551	2.242802	2.127039	2.247883	2.011962	2.900037	2.681527
2010	2.816018	2.433046	2.272219	2.194372	2.000047	2.868592	2.682635
2011	2.659769	2.398977	2.316957	2.176883	2.087051	2.929637	2.725516
2012	2.558185	2.381516	2.234979	2.140092	2.054656	2.912759	2.656636
2013	2.117699	1.969173	2.163074	1.893438	1.8165	2.261739	2.012047
2014	2.107681	2.103014	2.373965	1.9861	1.879023	2.018231	2.008348
2015	2.046224	2.043985	2.287358	1.937978	1.779354	1.920124	1.96644
2016	2.012981	1.925465	2.334794	1.83203	1.73212	1.905865	1.936789
2017	1.95062	1.831051	2.338572	1.776018	1.764411	1.86746	1.855299
2018	2.068473	1.842504	2.304828	1.778349	1.755633	1.688306	1.883522

续表

地区 年度	江西	山东	河南	湖北	湖南	广东	广西
2000	2. 20591	2. 836086	2. 91125	2. 985646	2. 686027	3. 029799	3. 261049
2001	2. 264235	2. 757242	2. 987907	2. 913441	2. 786585	2. 996136	3. 369444
2003	2. 576341	2. 845186	3. 275403	3. 309919	2. 843475	3. 291807	3. 291115
2004	2. 547311	2. 793222	3. 181432	3. 062987	2. 784709	3. 300062	3. 342177
2005	2. 459795	2. 725852	3. 192067	2. 772032	2. 722725	3. 1852	2. 993189
2006	2. 482829	2. 693683	2. 998807	2. 707202	2. 711063	3. 199258	2. 813648
2007	2. 608367	2. 669177	2. 924335	2. 815916	2. 66204	3. 411656	2. 966824
2008	2. 634275	2. 69965	2. 903039	2. 594751	2. 613823	3. 186885	3. 225227
2010	2. 71466	2. 728885	2. 943474	2. 799214	2. 743461	3. 352237	3. 325359
2011	2. 915309	2. 589217	3. 047645	3. 003404	3. 077087	3. 293011	3. 647421
2012	2. 867022	2. 422271	2. 873221	2. 858782	2. 907919	3. 261356	3. 419759
2013	2. 034624	2. 488215	2. 33098	2. 006434	2. 02833	2. 700139	2. 554571
2014	2. 005988	2. 301198	2. 224001	1. 921621	2. 031591	2. 351014	2. 253959
2015	3. 050131	2. 269628	2. 174899	1. 85577	2. 012404	2. 312267	2. 152625
2016	1. 938543	2. 258171	2. 106515	1. 832095	2. 015071	2. 304773	2. 067787
2017	1. 949718	2. 230891	2. 108538	1. 828979	2. 008271	2. 287789	1. 944408
2018	1. 907177	2. 200371	2. 019746	1. 720593	1. 970379	2. 006599	1. 898785

地区 年度	海南	重庆	四川	贵州	云南	西藏	陕西
2000	2. 751237	3. 9912	3. 270789	3. 901262	4. 080255	4. 974449	3. 418027
2001	3. 217735	3. 981739	3. 456492	3. 891063	3. 93086	5. 334457	3. 484319
2003	3. 345369	4. 495683	3. 296591	4. 175755	4. 285096	7. 810024	3. 893486
2004	3. 32449	4. 300602	3. 160724	4. 238435	4. 351889	5. 66957	3. 852208
2005	3. 010936	4. 025586	3. 030232	3. 967626	3. 911074	4. 999008	3. 509903
2006	3. 19273	4. 262039	3. 141831	4. 209032	3. 36112	3. 092821	3. 463219
2007	3. 243769	3. 914319	3. 163864	4. 054266	3. 003902	3. 396466	3. 292348
2008	3. 263321	3. 863816	3. 094414	3. 855202	3. 035036	3. 784132	3. 279912
2010	3. 170618	3. 679012	3. 105836	3. 526156	3. 258683	3. 631732	3. 116105
2011	3. 343201	4. 009674	3. 490152	4. 250853	3. 821121	4. 651466	3. 23925
2012	3. 259202	3. 801624	3. 353337	3. 986109	3. 717002	4. 855195	3. 139479
2013	2. 4455	2. 55554	2. 219137	2. 589802	2. 888747	2. 982226	2. 571012
2014	2. 491649	2. 289918	2. 139463	2. 555081	2. 69776	3. 249497	2. 419337
2015	2. 246982	2. 208879	2. 083843	2. 545441	2. 58781	3. 050702	2. 336995
2016	2. 131496	2. 112724	2. 02714	2. 54891	2. 5404	3. 20256	2. 260688
2017	2. 122206	2. 081108	1. 929559	2. 451838	2. 436647	3. 151386	2. 19096
2018	2. 096716	2. 016749	1. 845754	2. 266897	2. 370562	3. 090324	2. 181197

续表

年度＼地区	甘肃	青海	宁夏	新疆
2000	3. 806707	3. 435911	2. 964089	3. 57712
2001	3. 920918	3. 531576	3. 308926	3. 652256
2003	3. 963728	3. 454716	3. 255905	3. 781186
2004	4. 054584	3. 435226	3. 021239	3. 416534
2005	3. 588303	3. 160516	3. 057704	3. 225672
2006	3. 758689	2. 996907	3. 206794	3. 311426
2007	3. 904294	3. 070668	3. 091349	3. 349926
2008	3. 460555	2. 828317	3. 08844	3. 220667
2010	3. 363489	2. 547037	2. 824308	2. 948943
2011	3. 550687	2. 794653	3. 06352	3. 04379
2012	3. 482501	2. 586531	2. 862901	2. 903357
2013	2. 479828	1. 803848	2. 273228	2. 140784
2014	2. 593172	2. 124188	2. 242715	2. 401056
2015	2. 555111	2. 241359	2. 255986	2. 555272
2016	2. 60975	2. 261196	2. 228421	2. 564758
2017	2. 572873	2. 168399	2. 025576	2. 616544
2018	2. 493877	2. 221466	2. 036841	2. 567735

全国城乡居民消费支出比2000～2012年居于高位运行，2013年后才逐渐下降。北京城乡居民消费支出比没有明显的下降趋势，较为稳定。天津、河北、山西城乡居民消费支出比变化轨迹较为一致，2000～2010年居于高位运行，随后有缩小趋势。内蒙古城乡居民消费支出比2000～2003年有所扩大，随后保持稳定，2011年有小幅度上扬，之后逐渐缩小。辽宁城乡居民消费支出比在2003年和2004年达到最大值。

吉林、黑龙江、江苏城乡居民消费支出比2000～2003年有扩大态势，随后呈现减缓趋势。上海城乡居民消费支出比2001～2007年较低，2008年后有小幅度扩大。江苏和浙江城乡居民消费支出比变化趋势基本一致，2000～2006年保持高位运行，随后表现出下降趋势。安徽和福建城乡居民消费支出比 2000 ~ 2012 年分别在 3. 0313 和 2. 6394 左右波动，2013 年后才迅速缩小。江西城乡居民消费支出比在 2015 年达到最高点，为 3. 0501。山东城乡居民消费支出比 2000 ~ 2010 年居于高位运行，随后才呈现明显的减缓趋势。河南、湖北、湖南、广东、广西城乡居民消费支出比运行轨迹趋同，2000 ~ 2012 年保持高位，2013 年后才呈现大幅下降。

海南城乡居民消费支出比 2000 ~ 2003 年处于上升趋势，随后稍有下降，2006 ~ 2012 年保持稳定走势，2013 年后呈现缩小态势。重庆、四川、贵州、云南、西藏、陕西城乡居民消费支出比演变趋势遵循相同的路径，2000 ~ 2012 年居于高位运行，高于同期全国水平，2013 年后才出现快速下滑态势。甘肃、青海、宁夏、新疆城乡居民消费支出比走势表现出较强的相似性，经历了 2000 ~ 2012 年的高位，运行之后才有明显的减缓趋势。

北京 2000 ~ 2018 年城乡居民消费支出比小于全国城乡居民消费支出比；天津 2000 ~ 2010 年城乡居民消费支出比大于全国城乡居民消费支出比，2011 ~ 2018 年城乡居民消费支出比小于全国城乡居民消费支出比；河北 2000 ~ 2003 年城乡居民消费支出比大于全国城乡居民消费支出比，2004 ~ 2018 年城乡居民消费支出比小于全国城乡居民消费支出比；山西 2000 ~ 2006 年以及 2018 年城乡居民消费支出比大于全国城乡居民消费支出比，2007 ~ 2017 年城乡居民消费支出比小于全国城乡居民消费支出比；内蒙古 2000 ~ 2008 年、2013 ~ 2018 年城乡居民消费支出比小于全国城乡居民消费支出比，2010 ~ 2012 年城乡居民消费支出比大于全国城乡居民消费支出比；辽宁 2000 ~ 2012 年城乡居民消费支出比小于全国城乡居民消费支出比，2013 ~ 2018 年城乡居民消费支出比大于全国城乡居民消费支出比。

吉林、黑龙江、江苏、浙江和福建 2000 ~ 2018 年城乡居民消费支出比均小于全国城乡居民消费支出比；上海 2000 ~ 2015 年城乡居民消费支出比均小于全国城乡居民消费支出比，2016 ~ 2018 年城乡居民消费支出比均大于全国城乡居民消费支出比；安徽 2000 ~ 2001 年城乡居民消费支出比大于全国城乡居民消费支出比，2003 ~ 2018 年城乡居民消费支出比均小于全国城乡居民消费支出比。

江西除了2015年城乡居民消费支出比大于全国城乡居民消费支出比外，其他年份城乡居民消费支出比均小于全国城乡居民消费支出比；山东除了2018年城乡居民消费支出比大于全国城乡居民消费支出比外，其他年份城乡居民消费支出比均小于全国城乡居民消费支出比；河南除了2005年城乡居民消费支出比大于全国城乡居民消费支出比外，其他年份城乡居民消费支出比均小于全国城乡居民消费支出比；湖北和湖南2000～2018年城乡居民消费支出比均小于全国城乡居民消费支出比；广东在2001年、2003年、2018年城乡居民消费支出比小于全国城乡居民消费支出比，其他年份城乡居民消费支出比均大于全国城乡居民消费支出比；广西在2000年、2001年、2004年以及2008～2013年城乡居民消费支出比大于全国城乡居民消费支出比，其他年份城乡居民消费支出比均小于全国城乡居民消费支出比。

海南在2000年、2003年、2005年以及2015～2018年城乡居民消费支出比小于全国城乡居民消费支出比，其他年份城乡居民消费支出比均大于全国城乡居民消费支出比；重庆2000～2013年城乡居民消费支出比均大于全国城乡居民消费支出比，2014～2018年城乡居民消费支出比小于全国城乡居民消费支出比；四川2000～2001年、2006～2012年城乡居民消费支出比均大于全国城乡居民消费支出比，2003～2005年、2013～2018年城乡居民消费支出比小于全国城乡居民消费支出比；贵州2000～2018年城乡居民消费支出比大于全国城乡居民消费支出比；云南2007年和2008年城乡居民消费支出比小于全国城乡居民消费支出比，其他年份城乡居民消费支出比大于全国城乡居民消费支出比；西藏2000～2018年城乡居民消费支出比均大于全国城乡居民消费支出比；陕西2016年和2017年城乡居民消费支出比小于全国城乡居民消费支出比，2000～2015年以及2018年城乡居民消费支出比大于全国城乡居民消费支出比；甘肃2000～2018年城乡居民消费支出比均大于全国城乡居民消费支出比；青海2006～2017年城乡居民消费支出比均小于全国城乡居民消费支出比，其他年份城乡居民消费支出比均大于全国城乡居民消费支出比；宁夏2001年、2006年、2008年城乡居民消费支出比大于全国城乡居民消费支出比，其他年份城乡居民消费支出比均小于全国城乡居民消费支出比；

新疆2010～2013年城乡居民消费支出比均小于全国城乡居民消费支出比，其他年份城乡居民消费支出比均大于全国城乡居民消费支出比。

2000～2018年，城乡居民消费支出比均值最大的是西藏，其次是贵州；城乡居民消费支出比均值最小的是浙江，其次是上海。

二、城乡居民消费支出比的动态演变

采用核密度函数估计城乡居民消费支出比，全国31个省市自治区城乡居民消费支出比核密度曲线如图1－4所示。

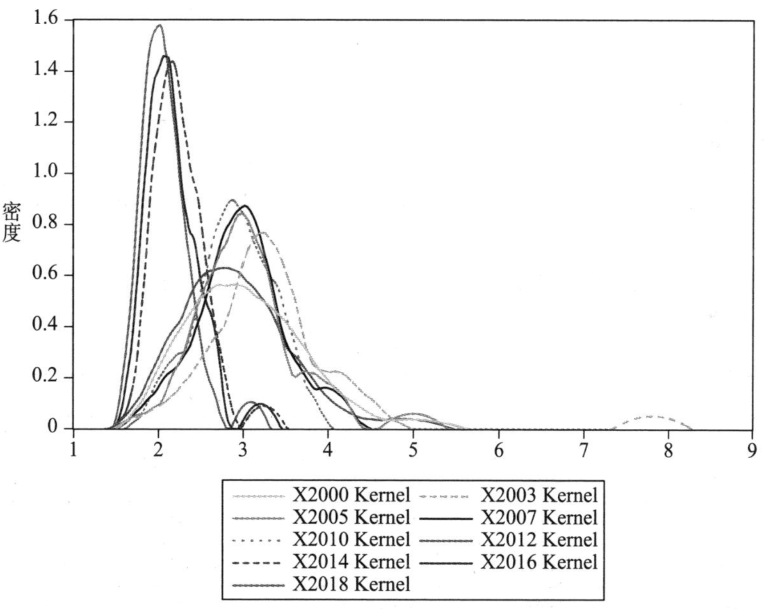

图1－4　全国31个省市自治区城乡居民消费支出比核密度曲线

整体来看，核密度曲线有明显的左移倾向，说明城乡居民消费支出比有缩小的态势。2003年、2005年核密度曲线出现双峰现象，表明城乡居民消费支出比出现两极分化；2007年、2010年核密度曲线演变为一个主峰，2014年、2016年、2018年核密度曲线波峰宽度变窄、波峰高度上升，演变为双峰态势，表明城乡居民消费支出比差距在缩小，且出现两极分化现象。

三、城乡居民消费支出比的收敛性

采用δ-收敛模型测算2000~2018年城乡居民消费支出比的收敛系数如表1-4和图1-5所示。

表1-4　2000~2018年城乡居民消费支出比的δ-收敛系数

年份	全国层面	东部	中部	西部
2000	0.213169	0.137014	0.122345	0.169643
2001	0.215312	0.159506	0.116324	0.160981
2003	0.289405	0.166433	0.078143	0.298163
2004	0.214915	0.155421	0.076775	0.192304
2005	0.196519	0.146135	0.087735	0.168238
2006	0.170623	0.154854	0.064815	0.139168
2007	0.164214	0.180009	0.073682	0.116702
2008	0.160844	0.176097	0.099051	0.102104
2010	0.145796	0.17272	0.082785	0.0994
2011	0.199633	0.165364	0.113546	0.145182
2012	0.210505	0.168183	0.099132	0.169817
2013	0.143791	0.152435	0.088032	0.131955
2014	0.130564	0.121216	0.05061	0.128494
2015	0.137578	0.106247	0.163155	0.114216
2016	0.140125	0.116941	0.043077	0.139951
2017	0.138982	0.105591	0.0457	0.153518
2018	0.135779	0.090625	0.066723	0.150913
是否收敛	是	否	否	否

全国城乡居民消费支出比的δ-收敛系数2000~2018年总体呈现出缩小趋势（除2003年、2011年、2012年外），因此全国城乡居民消费支出比存在δ-收敛。东部地区、中部地区、西部地区居民消费支出比的δ-收敛系数有较大幅度的波动，并没有表现出明显的缩小趋势，因此东

部地区、中部地区、西部地区城乡居民消费支出比不存在 δ－收敛。

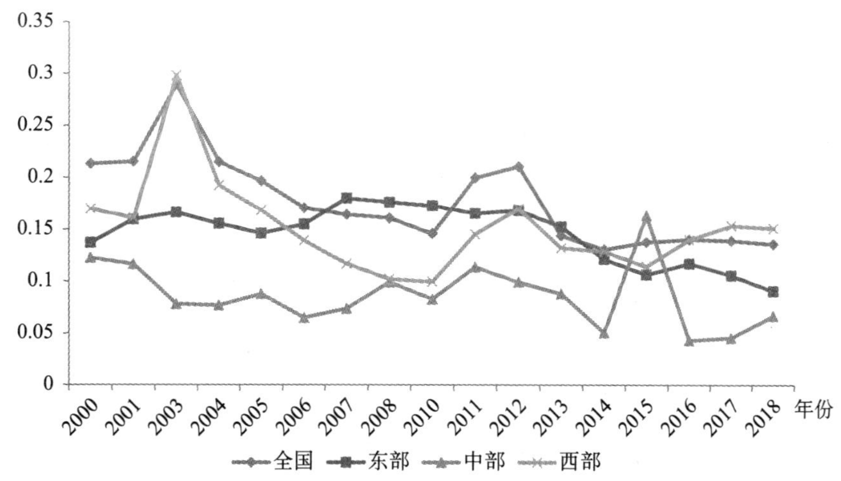

图 1－5　2000～2018 年城乡居民消费支出比 δ－收敛系数变动轨迹

第三节　城乡居民收入比、消费支出比的综合分析

一、城乡居民收入比与消费支出比的比较

如表 1－5 所示，从全国来看，2000～2004 年以及 2011 年城乡居民消费支出比大于收入比，2005～2010 年、2012～2018 年城乡居民收入比大于消费支出比。分省份来看，北京 2000～2007 年城乡居民消费支出比大于收入比，2008～2018 年城乡居民收入比大于消费支出比；天津 2000～2012 年以及 2018 年城乡居民消费支出比大于收入比，2013～2017 年城乡居民收入比大于消费支出比；河北 2000～2011 年以及 2018 年城乡居民消费支出比大于收入比，2012～2017 年城乡居民收入比大于消费支出比；山西 2000～2006 年城乡居民消费支出比大于收入比，2007～2018 年城乡居民收入比大

于消费支出比；内蒙古除了2011年和2012年外，城乡居民收入比大于消费支出比；辽宁2000~2012年以及2014年城乡居民消费支出比大于收入比，2015~2018年以及2013年城乡居民收入比大于消费支出比。

吉林2000~2012年城乡居民消费支出比大于收入比，2013~2018年城乡居民收入比大于消费支出比；黑龙江2000~2004年、2010~2012年城乡居民消费支出比大于收入比，2005~2008年、2013~2018年城乡居民收入比大于消费支出比；上海2000年、2011年以及2014~2018年城乡居民消费支出比大于收入比，2001~2010年以及2012年、2013年城乡居民收入比大于消费支出比；江苏2000~2006年城乡居民消费支出比大于收入比，2007~2018年城乡居民收入比大于消费支出比；浙江除了2001年外，城乡居民收入比均大于消费支出比；安徽除了2000年、2001年、2004年外，城乡居民收入比均大于消费支出比；福建除了2000年、2003年外，城乡居民收入比均大于消费支出比；江西除了2010~2012年以及2015年外城乡居民收入比均大于消费支出比；山东2000~2004年城乡居民消费支出比大于收入比，2005~2018年城乡居民收入比大于消费支出比；河南2000~2005年、2010~2012年城乡居民消费支出比大于收入比，2006~2008年、2013~2018年城乡居民收入比大于消费支出比；湖北2000~2004年、2010~2012年城乡居民消费支出比大于收入比，2005~2008年、2013~2018年城乡居民收入比大于消费支出比；湖南除了2011年和2012年外，城乡居民收入比均大于消费支出比；广东2000~2013年城乡居民消费支出比大于收入比，2014年和2018年城乡居民收入比大于消费支出比；广西除了2000年和2011年外，城乡居民收入比均大于消费支出比；海南2015~2018年及2013年城乡居民收入比大于消费支出比，其他年份城乡居民消费支出比大于收入比；重庆和四川2000~2012年城乡居民消费支出比大于收入比，2013~2018年城乡居民收入比大于消费支出比；贵州在2000年、2001年、2011年、2012年城乡居民消费支出比大于收入比，其他年份城乡居民收入比大于消费支出比；云南、青海和陕西2000~2018年城乡居民收入比一直大于消费支出比；西藏在2000~2001年、2006~2008年、2013年和2015年城乡居民收入比大于消费支出比；甘肃除了2000~2004年外、宁夏除了2000~2003年外，其他年份二者城乡居民收入比均大于消费支出比；新疆除了 2001 年、2003 年、2008 年以及 2013 ~2018 年外，城乡居民消费支出比均大于收入比。

表 1 – 5　　2000 ~2018 年城乡居民收入比与消费支出比的比较

年度＼地区	全国	北京	天津	河北	山西	内蒙古	辽宁
2000	消费支出比大于收入比	消费支出比大于收入比	消费支出比大于收入比	消费支出比大于收入比	消费支出比大于收入比	收入比大于消费支出比	消费支出比大于收入比
2001	消费支出比大于收入比	消费支出比大于收入比	消费支出比大于收入比	消费支出比大于收入比	消费支出比大于收入比	收入比大于消费支出比	消费支出比大于收入比
2003	消费支出比大于收入比	消费支出比大于收入比	消费支出比大于收入比	消费支出比大于收入比	消费支出比大于收入比	收入比大于消费支出比	消费支出比大于收入比
2004	消费支出比大于收入比	消费支出比大于收入比	消费支出比大于收入比	消费支出比大于收入比	消费支出比大于收入比	收入比大于消费支出比	消费支出比大于收入比
2005	收入比大于消费支出比	消费支出比大于收入比	消费支出比大于收入比	消费支出比大于收入比	消费支出比大于收入比	收入比大于消费支出比	消费支出比大于收入比
2006	收入比大于消费支出比	消费支出比大于收入比	消费支出比大于收入比	消费支出比大于收入比	消费支出比大于收入比	收入比大于消费支出比	消费支出比大于收入比
2007	收入比大于消费支出比	消费支出比大于收入比	消费支出比大于收入比	消费支出比大于收入比	收入比大于消费支出比	收入比大于消费支出比	消费支出比大于收入比
2008	收入比大于消费支出比	收入比大于消费支出比	消费支出比大于收入比	消费支出比大于收入比	收入比大于消费支出比	收入比大于消费支出比	消费支出比大于收入比

续表

年度＼地区	全国	北京	天津	河北	山西	内蒙古	辽宁
2010	收入比大于消费支出比	收入比大于消费支出比	消费支出比大于收入比	收入比大于消费支出比	收入比大于消费支出比	收入比大于消费支出比	消费支出比大于收入比
2011	消费支出比大于收入比	收入比大于消费支出比	消费支出比大于收入比	消费支出比大于收入比	收入比大于消费支出比	消费支出比大于收入比	消费支出比大于收入比
2012	收入比大于消费支出比	收入比大于消费支出比	消费支出比大于收入比	收入比大于消费支出比	收入比大于消费支出比	消费支出比大于收入比	消费支出比大于收入比
2013	收入比大于消费支出比	收入比大于消费支出比	收入比大于消费支出比	收入比大于消费支出比	收入比大于消费支出比	收入比大于消费支出比	收入比大于消费支出比
2014	收入比大于消费支出比	收入比大于消费支出比	收入比大于消费支出比	收入比大于消费支出比	收入比大于消费支出比	收入比大于消费支出比	消费支出比大于收入比
2015	收入比大于消费支出比	收入比大于消费支出比	收入比大于消费支出比	收入比大于消费支出比	收入比大于消费支出比	收入比大于消费支出比	收入比大于消费支出比
2016	收入比大于消费支出比	收入比大于消费支出比	收入比大于消费支出比	收入比大于消费支出比	收入比大于消费支出比	收入比大于消费支出比	收入比大于消费支出比
2017	收入比大于消费支出比	收入比大于消费支出比	收入比大于消费支出比	收入比大于消费支出比	收入比大于消费支出比	收入比大于消费支出比	收入比大于消费支出比
2018	收入比大于消费支出比	收入比大于消费支出比	消费支出比大于收入比	消费支出比大于收入比	收入比大于消费支出比	收入比大于消费支出比	收入比大于消费支出比

续表

年度＼地区	吉林	黑龙江	上海	江苏	浙江	安徽	福建
2000	消费支出比大于收入比	消费支出比大于收入比	消费支出比大于收入比	消费支出比大于收入比	收入比大于消费支出比	消费支出比大于收入比	消费支出比大于收入比
2001	消费支出比大于收入比	消费支出比大于收入比	收入比大于消费支出比	消费支出比大于收入比	消费支出比大于收入比	消费支出比大于收入比	收入比大于消费支出比
2003	消费支出比大于收入比	消费支出比大于收入比	收入比大于消费支出比	消费支出比大于收入比	收入比大于消费支出比	收入比大于消费支出比	消费支出比大于收入比
2004	消费支出比大于收入比	消费支出比大于收入比	收入比大于消费支出比	消费支出比大于收入比	收入比大于消费支出比	消费支出比大于收入比	收入比大于消费支出比
2005	消费支出比大于收入比	收入比大于消费支出比	收入比大于消费支出比	消费支出比大于收入比	收入比大于消费支出比	收入比大于消费支出比	收入比大于消费支出比
2006	消费支出比大于收入比	收入比大于消费支出比	收入比大于消费支出比	收入比大于消费支出比	收入比大于消费支出比	收入比大于消费支出比	收入比大于消费支出比
2007	消费支出比大于收入比	收入比大于消费支出比	收入比大于消费支出比	收入比大于消费支出比	收入比大于消费支出比	收入比大于消费支出比	收入比大于消费支出比
2008	消费支出比大于收入比	收入比大于消费支出比	收入比大于消费支出比	收入比大于消费支出比	收入比大于消费支出比	收入比大于消费支出比	收入比大于消费支出比
2010	消费支出比大于收入比	消费支出比大于收入比	收入比大于消费支出比	收入比大于消费支出比	收入比大于消费支出比	收入比大于消费支出比	收入比大于消费支出比

续表

年度\地区	吉林	黑龙江	上海	江苏	浙江	安徽	福建
2011	消费支出比大于收入比	消费支出比大于收入比	消费支出比大于收入比	收入比大于消费支出比	收入比大于消费支出比	收入比大于消费支出比	收入比大于消费支出比
2012	消费支出比大于收入比	消费支出比大于收入比	收入比大于消费支出比	收入比大于消费支出比	收入比大于消费支出比	收入比大于消费支出比	收入比大于消费支出比
2013	收入比大于消费支出比	收入比大于消费支出比	收入比大于消费支出比	收入比大于消费支出比	收入比大于消费支出比	收入比大于消费支出比	收入比大于消费支出比
2014	收入比大于消费支出比	收入比大于消费支出比	消费支出比大于收入比	收入比大于消费支出比	收入比大于消费支出比	收入比大于消费支出比	收入比大于消费支出比
2015	收入比大于消费支出比	收入比大于消费支出比	消费支出比大于收入比	收入比大于消费支出比	收入比大于消费支出比	收入比大于消费支出比	收入比大于消费支出比
2016	收入比大于消费支出比	收入比大于消费支出比	消费支出比大于收入比	收入比大于消费支出比	收入比大于消费支出比	收入比大于消费支出比	收入比大于消费支出比
2017	收入比大于消费支出比	收入比大于消费支出比	消费支出比大于收入比	收入比大于消费支出比	收入比大于消费支出比	收入比大于消费支出比	收入比大于消费支出比
2018	收入比大于消费支出比	收入比大于消费支出比	消费支出比大于收入比	收入比大于消费支出比	收入比大于消费支出比	收入比大于消费支出比	收入比大于消费支出比

续表

年度＼地区	江西	山东	河南	湖北	湖南	广东	广西
2000	收入比大于消费支出比	消费支出比大于收入比	消费支出比大于收入比	消费支出比大于收入比	收入比大于消费支出比	消费支出比大于收入比	消费支出比大于收入比
2001	收入比大于消费支出比	消费支出比大于收入比	消费支出比大于收入比	消费支出比大于收入比	收入比大于消费支出比	消费支出比大于收入比	收入比大于消费支出比
2003	收入比大于消费支出比	消费支出比大于收入比	消费支出比大于收入比	消费支出比大于收入比	收入比大于消费支出比	消费支出比大于收入比	收入比大于消费支出比
2004	收入比大于消费支出比	消费支出比大于收入比	消费支出比大于收入比	消费支出比大于收入比	收入比大于消费支出比	消费支出比大于收入比	收入比大于消费支出比
2005	收入比大于消费支出比	收入比大于消费支出比	消费支出比大于收入比	收入比大于消费支出比	收入比大于消费支出比	消费支出比大于收入比	收入比大于消费支出比
2006	收入比大于消费支出比	收入比大于消费支出比	收入比大于消费支出比	收入比大于消费支出比	收入比大于消费支出比	消费支出比大于收入比	收入比大于消费支出比
2007	收入比大于消费支出比	收入比大于消费支出比	收入比大于消费支出比	收入比大于消费支出比	收入比大于消费支出比	消费支出比大于收入比	收入比大于消费支出比
2008	收入比大于消费支出比	收入比大于消费支出比	收入比大于消费支出比	收入比大于消费支出比	收入比大于消费支出比	消费支出比大于收入比	收入比大于消费支出比
2010	消费支出比大于收入比	收入比大于消费支出比	消费支出比大于收入比	消费支出比大于收入比	收入比大于消费支出比	消费支出比大于收入比	收入比大于消费支出比

续表

年度\地区	江西	山东	河南	湖北	湖南	广东	广西
2011	消费支出比大于收入比	收入比大于消费支出比	消费支出比大于收入比	消费支出比大于收入比	消费支出比大于收入比	消费支出比大于收入比	消费支出比大于收入比
2012	消费支出比大于收入比	收入比大于消费支出比	消费支出比大于收入比	消费支出比大于收入比	消费支出比大于收入比	消费支出比大于收入比	收入比大于消费支出比
2013	收入比大于消费支出比	收入比大于消费支出比	收入比大于消费支出比	收入比大于消费支出比	收入比大于消费支出比	消费支出比大于收入比	收入比大于消费支出比
2014	收入比大于消费支出比	收入比大于消费支出比	收入比大于消费支出比	收入比大于消费支出比	收入比大于消费支出比	收入比大于消费支出比	收入比大于消费支出比
2015	消费支出比大于收入比	收入比大于消费支出比	收入比大于消费支出比	收入比大于消费支出比	收入比大于消费支出比	收入比大于消费支出比	收入比大于消费支出比
2016	收入比大于消费支出比	收入比大于消费支出比	收入比大于消费支出比	收入比大于消费支出比	收入比大于消费支出比	收入比大于消费支出比	收入比大于消费支出比
2017	收入比大于消费支出比	收入比大于消费支出比	收入比大于消费支出比	收入比大于消费支出比	收入比大于消费支出比	收入比大于消费支出比	收入比大于消费支出比
2018	收入比大于消费支出比	收入比大于消费支出比	收入比大于消费支出比	收入比大于消费支出比	收入比大于消费支出比	收入比大于消费支出比	收入比大于消费支出比

续表

年度＼地区	海南	重庆	四川	贵州	云南	西藏	陕西
2000	消费支出比大于收入比	消费支出比大于收入比	消费支出比大于收入比	消费支出比大于收入比	收入比大于消费支出比	收入比大于消费支出比	收入比大于消费支出比
2001	消费支出比大于收入比	消费支出比大于收入比	消费支出比大于收入比	消费支出比大于收入比	收入比大于消费支出比	收入比大于消费支出比	收入比大于消费支出比
2003	消费支出比大于收入比	消费支出比大于收入比	消费支出比大于收入比	收入比大于消费支出比	收入比大于消费支出比	消费支出比大于收入比	收入比大于消费支出比
2004	消费支出比大于收入比	消费支出比大于收入比	消费支出比大于收入比	收入比大于消费支出比	收入比大于消费支出比	消费支出比大于收入比	收入比大于消费支出比
2005	消费支出比大于收入比	消费支出比大于收入比	消费支出比大于收入比	收入比大于消费支出比	收入比大于消费支出比	消费支出比大于收入比	收入比大于消费支出比
2006	消费支出比大于收入比	消费支出比大于收入比	消费支出比大于收入比	收入比大于消费支出比	收入比大于消费支出比	收入比大于消费支出比	收入比大于消费支出比
2007	消费支出比大于收入比	消费支出比大于收入比	消费支出比大于收入比	收入比大于消费支出比	收入比大于消费支出比	收入比大于消费支出比	收入比大于消费支出比
2008	消费支出比大于收入比	消费支出比大于收入比	消费支出比大于收入比	收入比大于消费支出比	收入比大于消费支出比	收入比大于消费支出比	收入比大于消费支出比
2010	消费支出比大于收入比	消费支出比大于收入比	消费支出比大于收入比	收入比大于消费支出比	收入比大于消费支出比	消费支出比大于收入比	收入比大于消费支出比

续表

年度＼地区	海南	重庆	四川	贵州	云南	西藏	陕西
2011	消费支出比大于收入比	消费支出比大于收入比	消费支出比大于收入比	消费支出比大于收入比	收入比大于消费支出比	消费支出比大于收入比	收入比大于消费支出比
2012	消费支出比大于收入比	消费支出比大于收入比	消费支出比大于收入比	消费支出比大于收入比	收入比大于消费支出比	消费支出比大于收入比	收入比大于消费支出比
2013	收入比大于消费支出比	收入比大于消费支出比	收入比大于消费支出比	收入比大于消费支出比	收入比大于消费支出比	收入比大于消费支出比	收入比大于消费支出比
2014	消费支出比大于收入比	收入比大于消费支出比	收入比大于消费支出比	收入比大于消费支出比	收入比大于消费支出比	消费支出比大于收入比	收入比大于消费支出比
2015	收入比大于消费支出比	收入比大于消费支出比	收入比大于消费支出比	收入比大于消费支出比	收入比大于消费支出比	收入比大于消费支出比	收入比大于消费支出比
2016	收入比大于消费支出比	收入比大于消费支出比	收入比大于消费支出比	收入比大于消费支出比	收入比大于消费支出比	消费支出比大于收入比	收入比大于消费支出比
2017	收入比大于消费支出比	收入比大于消费支出比	收入比大于消费支出比	收入比大于消费支出比	收入比大于消费支出比	消费支出比大于收入比	收入比大于消费支出比
2018	收入比大于消费支出比	收入比大于消费支出比	收入比大于消费支出比	收入比大于消费支出比	收入比大于消费支出比	消费支出比大于收入比	收入比大于消费支出比

续表

地区 年度	甘肃	青海	宁夏	新疆
2000	消费支出比大于收入比	收入比大于消费支出比	消费支出比大于收入比	消费支出比大于收入比
2001	消费支出比大于收入比	收入比大于消费支出比	消费支出比大于收入比	收入比大于消费支出比
2003	收入比大于消费支出比	收入比大于消费支出比	消费支出比大于收入比	收入比大于消费支出比
2004	消费支出比大于收入比	收入比大于消费支出比	收入比大于消费支出比	消费支出比大于收入比
2005	收入比大于消费支出比	收入比大于消费支出比	收入比大于消费支出比	消费支出比大于收入比
2006	收入比大于消费支出比	收入比大于消费支出比	收入比大于消费支出比	消费支出比大于收入比
2007	收入比大于消费支出比	收入比大于消费支出比	收入比大于消费支出比	消费支出比大于收入比
2008	收入比大于消费支出比	收入比大于消费支出比	收入比大于消费支出比	收入比大于消费支出比
2010	收入比大于消费支出比	收入比大于消费支出比	收入比大于消费支出比	消费支出比大于收入比
2011	收入比大于消费支出比	收入比大于消费支出比	收入比大于消费支出比	消费支出比大于收入比
2012	收入比大于消费支出比	收入比大于消费支出比	收入比大于消费支出比	消费支出比大于收入比
2013	收入比大于消费支出比	收入比大于消费支出比	收入比大于消费支出比	收入比大于消费支出比
2014	收入比大于消费支出比	收入比大于消费支出比	收入比大于消费支出比	收入比大于消费支出比
2015	收入比大于消费支出比	收入比大于消费支出比	收入比大于消费支出比	收入比大于消费支出比
2016	收入比大于消费支出比	收入比大于消费支出比	收入比大于消费支出比	收入比大于消费支出比
2017	收入比大于消费支出比	收入比大于消费支出比	收入比大于消费支出比	收入比大于消费支出比
2018	收入比大于消费支出比	收入比大于消费支出比	收入比大于消费支出比	收入比大于消费支出比

二、城乡居民收入比、消费支出比的象限图分析

我们以城乡居民收入比为横坐标，消费支出比为纵坐标构建象限图，其中第一象限为城乡居民收入比、消费支出比均高于全国水平；第三象限为城乡居民收入和消费支出比均低于全国水平；第二象限为城乡居民收入低于全国水平，消费支出比高于全国水平；第四象限为城乡居民收入高于全国水平，消费支出比低于全国水平。以 2000 年为例（见图 1－6），广西、四川等 10 个省市自治区城乡居民收入比、消费支出比均高于全国水平，上海、浙江等 14 个省市自治区城乡居民收入比、消费支出比均低于全国水平；湖南、宁夏城乡居民收入比高于全国水平，消费支出比低于全国水平；广东、天津等 5 个省市自治区城乡居民收入低于全国水平、消费支出比高于全国水平。

2000～2018 年城乡居民收入比与消费支出比象限图表如表 1－6 所示。

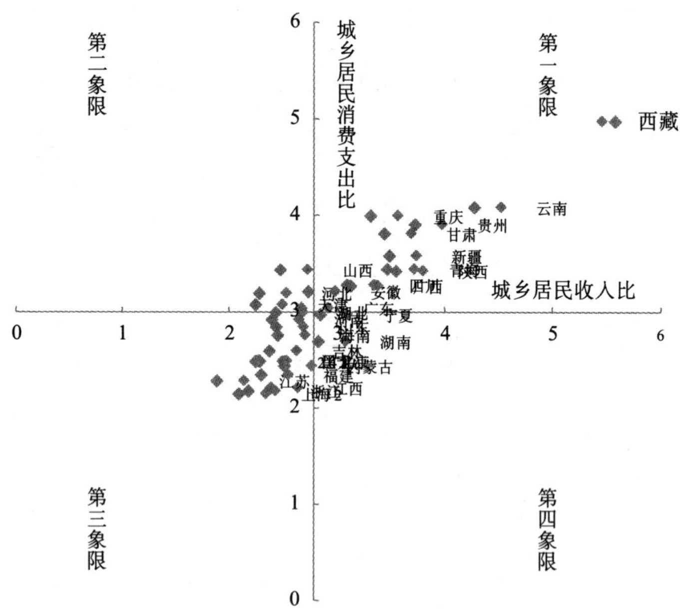

图 1－6　2000 年城乡居民收入与消费支出比象限图

表 1-6　2000~2018 年城乡居民收入比与消费支出比象限图表

年份	象限Ⅰ：城乡居民收入比、消费支出比均高于全国水平	象限Ⅲ：城乡居民收入比、消费支出比均低于全国水平	象限Ⅳ：城乡居民收入比高于全国水平、消费支出比低于全国水平	象限Ⅱ：城乡居民收入比低于全国水平、消费支出比高于全国水平
2000	广西、四川、陕西、青海、新疆、甘肃、贵州、重庆、云南、西藏	上海、浙江、江西、江苏、福建、内蒙古、北京、黑龙江、辽宁、吉林、湖北、海南、山东、河南	湖南、宁夏	广东、天津、河北、安徽、山西
2001	宁夏、广西、四川、陕西、青海、新疆、贵州、甘肃、云南、重庆、西藏	上海、江西、浙江、江苏、福建、北京、辽宁、吉林、黑龙江、内蒙古、山东、湖北、河南、广东	湖南	河北、安徽、海南、山西、天津
2003	新疆、陕西、甘肃、贵州、重庆、西藏、云南、青海	上海、浙江、江苏、江西、北京、福建、湖南、山东、黑龙江、吉林、内蒙古、安徽、辽宁、宁夏、河南、广东、四川、湖北、海南	广西	河北、山西、天津
2004	广西、新疆、青海、陕西、甘肃、贵州、重庆、云南、西藏	上海、浙江、江苏、江西、北京、福建、湖南、山东、内蒙古、宁夏、黑龙江、湖北、吉林、安徽、辽宁、四川、河北、河南	广东、海南、天津	山西
2005	陕西、甘肃、云南、贵州、重庆、西藏、青海	上海、浙江、黑龙江、江苏、江西、北京、辽宁、福建、湖南、山东、湖北、内蒙古、安徽、吉林、海南、四川、河北	宁夏、广西	天津、广东、河南、新疆、山西

续表

年份	象限Ⅰ：城乡居民收入比、消费支出比均高于全国水平	象限Ⅲ：城乡居民收入比、消费支出比均低于全国水平	象限Ⅳ：城乡居民收入比高于全国水平、消费支出比低于全国水平	象限Ⅱ：城乡居民收入比低于全国水平、消费支出比高于全国水平
2006	云南、陕西、甘肃、贵州、重庆、宁夏	上海、浙江、江苏、江西、黑龙江、北京、辽宁、山东、湖北、湖南、吉林、福建、内蒙古、河北、河南	广西、青海、安徽、西藏	四川、天津、山西、海南、广东、新疆
2007	甘肃、重庆、贵州、西藏、陕西	上海、浙江、江苏、北京、黑龙江、江西、湖南、山东、福建、吉林、辽宁、湖北、内蒙古、河南、河北、安徽、山西	广西、云南、青海、宁夏	四川、海南、新疆、天津、广东
2008	西藏、贵州、重庆、陕西、甘肃、广西、宁夏	浙江、上海、黑龙江、江苏、北京、湖北、湖南、江西、福建、山东、吉林、山西、安徽、河南、河北、辽宁、内蒙古	云南、青海	天津、四川、海南、广东、新疆
2010	甘肃、贵州、西藏、重庆、云南、广西、陕西	浙江、北京、江苏、上海、黑龙江、福建、河北、江西、山东、湖南、湖北、吉林、安徽、河南、新疆、辽宁、四川	青海、山西、宁夏、	广东、天津、内蒙古、海南
2011	陕西、甘肃、广西、云南、贵州、西藏	北京、浙江、江苏、上海、黑龙江、河北、山东、吉林、福建、天津、辽宁、江西、安徽、湖北、新疆、河南、湖南	山西、青海、宁夏	重庆、内蒙古、广东、海南、四川、
2012	广西、甘肃、云南、重庆、贵州、西藏、陕西	北京、浙江、江苏、上海、黑龙江、天津、山东、河北、吉林、福建、湖北、江西、河南、新疆湖南、安徽、辽宁	山西、青海、宁夏	海南、广东、四川、内蒙古

续表

年份	象限Ⅰ：城乡居民收入比、消费支出比均高于全国水平	象限Ⅲ：城乡居民收入比、消费支出比均低于全国水平	象限Ⅳ：城乡居民收入比高于全国水平、消费支出比低于全国水平	象限Ⅱ：城乡居民收入比低于全国水平、消费支出比高于全国水平
2013	广西、重庆、陕西、贵州、云南、西藏、甘肃	天津、浙江、河北、江苏、北京、黑龙江、湖北、福建、湖南、江西、吉林、新疆、上海、四川、安徽、河南	山西、内蒙古、宁夏、青海	辽宁、广东、海南、山东、
2014	陕西、贵州、甘肃、云南、西藏	天津、浙江、湖北、河北、江苏、江西、福建、安徽、湖南、山西、黑龙江、吉林、四川、河南、重庆、山东、北京、广东、上海	宁夏、广西、内蒙古、青海	海南、辽宁、新疆
2015	陕西、贵州、甘肃、云南、	浙江、天津、湖北、安徽、江苏、河北、福建、湖南、黑龙江、吉林、四川、河南、重庆、海南、山东、上海、广东、北京	内蒙古、山西、广西、青海、宁夏	辽宁、江西
2016	云南、贵州、甘肃、新疆、西藏	浙江、天津、江苏、湖北、安徽、黑龙江、福建、江西、河北、吉林、湖南、四川、河南、重庆、山西、海南、北京、山东	陕西、青海、内蒙古、广西、宁夏	广东、上海、辽宁
2017	云南、贵州、甘肃、新疆、西藏	浙江、江苏、湖北、天津、福建、安徽、四川、广西、江西、吉林、河北、湖南、重庆、河南、海南、北京、山西、山东	黑龙江、内蒙古、宁夏、青海、陕西	广东、上海、辽宁

续表

年份	象限Ⅰ：城乡居民收入比、消费支出比均高于全国水平	象限Ⅲ：城乡居民收入比、消费支出比均低于全国水平	象限Ⅳ：城乡居民收入比高于全国水平、消费支出比低于全国水平	象限Ⅱ：城乡居民收入比低于全国水平、消费支出比高于全国水平
2018	云南、甘肃、新疆、西藏、陕西、青海、贵州	安徽、湖北、浙江、江苏、黑龙江、四川、福建、广西、江西、天津、河北、湖南、广东、重庆、河南、吉林、海南、北京	内蒙古、宁夏	上海、辽宁、山东、山西

三、城乡居民收入比与消费支出比的耦合协调性分析

城乡居民收入比和消费支出比两系统模型耦合度公式如下：

$$C = 2\sqrt{\frac{RGAP_{it} \times CGAP_{it}}{(RGAP_{it} + CGAP_{it})^2}} \tag{1-6}$$

式（1－6）中，$RGAP_{it}$ 表示城乡居民收入比；$CGAP_{it}$ 表示城乡居民消费支出比。二者耦合度C的取值范围为［0，1］，C值越高，说明城乡居民收入比与消费支出比耦合度越高。

耦合协调度模型为：$D = \sqrt{C \times T}$ （1－7）

其中T表示城乡居民收入比、城乡居民消费支出比两系统的评价得分，如式（1－8）所示：

$$T = \beta_1 RGAP_{it} + \beta_2 CGAP_{it} \tag{1-8}$$

本书认为城乡居民收入比、城乡居民消费支出比同等重要，因此令 $\beta_1 = \beta_2 = \frac{1}{2}$。

在测算城乡居民收入比与消费支出比的耦合协调度之前，对数据进行标准化处理。城乡居民收入比与消费支出比是经济发展的负向指标，负向指标标准化后的数据值为 $x_j = \frac{\max[x_j] - x_{jt}}{\max[x_j] - \min[x_j]}$。其中，$\max[x_j]$、$\min[x_j]$ 分别表示原始数据值中的最大值和最小值；x_{jt} 表示为t年原始数据值。

采用式（1－7）和式（1－8）计算出城乡居民收入比与消费支出比的耦合度和耦合协调度，分别见表1－7和表1－8。除了西藏和云南以外，其他省市自治区城乡居民收入比与消费支出比的耦合度系数均在0.9以上。

表1－7　2000～2018年城乡居民收入比与消费支出比的耦合度

年度＼地区	全国	北京	天津	河北	山西	内蒙古	辽宁
2000	0.998689	0.999898	0.999025	0.998685	0.998836	0.998177	0.99984
2001	0.997854	0.999807	0.996962	0.999056	0.99999	0.996474	0.999987
2003	0.995181	0.999535	0.99697	0.999374	0.999314	0.994868	0.999628
2004	0.994952	0.999059	0.997741	0.999888	0.998745	0.993526	0.999634
2005	0.992446	0.999322	0.998569	0.999938	0.997878	0.993083	0.999413
2006	0.990482	0.999572	0.998904	0.999077	0.994961	0.991218	0.998888
2007	0.989319	0.999408	0.997725	0.999038	0.993038	0.99149	0.999391
2008	0.98933	0.998978	0.998138	0.998028	0.98941	0.993978	0.999782
2010	0.991877	0.999362	0.99873	0.997395	0.983182	0.99338	0.99986
2011	0.995693	0.998456	0.999756	0.998439	0.984627	0.997343	0.999983
2012	0.994861	0.998779	1	0.99786	0.979958	0.99612	0.999986
2013	0.995648	0.992942	0.9996	0.995371	0.989739	0.988278	0.997805
2014	0.994577	0.996816	0.999775	0.996891	0.991966	0.989359	0.998483
2015	0.994321	0.996831	0.999813	0.996828	0.992385	0.988948	0.997461
2016	0.994147	0.996036	0.999807	0.996873	0.992627	0.987976	0.99827
2017	0.993867	0.995416	0.999895	0.996809	0.993576	0.98756	0.997377
2018	0.993561	0.995377	0.999963	0.999773	0.994412	0.989028	0.997052

年度＼地区	吉林	黑龙江	上海	江苏	浙江	安徽	福建
2000	0.999717	0.999803	0.999748	0.999847	0.999472	0.9998	0.999382
2001	0.999471	0.999766	0.99862	0.999894	0.999296	0.999461	0.998549
2003	0.999007	0.999638	0.998209	0.999988	0.997939	0.994138	0.998149
2004	0.999923	0.999994	0.997204	0.999943	0.998016	0.997188	0.997514
2005	0.999409	0.997606	0.997661	0.999448	0.997865	0.990054	0.996783
2006	0.998162	0.998124	0.997363	0.998487	0.997043	0.989201	0.996137
2007	0.998483	0.998416	0.997285	0.997206	0.996098	0.992246	0.996239
2008	0.999341	0.998382	0.998264	0.99673	0.996125	0.993094	0.994741
2010	0.999871	0.999869	0.999284	0.996644	0.996499	0.994939	0.99409
2011	0.999878	0.999991	0.99953	0.997481	0.997673	0.995574	0.996207
2012	0.99975	0.999995	0.999273	0.997311	0.997424	0.996257	0.995972
2013	0.999305	0.998396	0.998405	0.996827	0.998534	0.996346	0.995907
2014	0.999415	0.999354	0.999467	0.997838	0.999033	0.995445	0.996454
2015	0.998939	0.999043	0.999309	0.997658	0.998746	0.994868	0.996363
2016	0.998873	0.998595	0.999562	0.997078	0.99857	0.994773	0.9963
2017	0.998619	0.998214	0.999618	0.996757	0.998791	0.994565	0.995878
2018	0.999051	0.998685	0.999573	0.996922	0.998882	0.99334	0.996411

续表

年度 \ 地区	江西	山东	河南	湖北	湖南	广东	广西
2000	0.998143	0.999957	0.999989	0.999977	0.995977	0.99963	0.9962
2001	0.997698	0.999495	0.999988	0.999957	0.994846	0.998915	0.990329
2003	0.995364	0.998973	0.99685	0.999581	0.99381	0.997634	0.976383
2004	0.996612	0.998504	0.997269	0.999121	0.992988	0.996693	0.974556
2005	0.995214	0.997637	0.997328	0.99663	0.991809	0.995062	0.968838
2006	0.995322	0.996642	0.995828	0.995561	0.990507	0.995134	0.973459
2007	0.995262	0.995304	0.995624	0.996415	0.988387	0.99726	0.964034
2008	0.996911	0.995076	0.995587	0.99525	0.990195	0.996294	0.96748
2010	0.99822	0.99598	0.997281	0.997891	0.994448	0.99836	0.974972
2011	0.999856	0.996663	0.999205	0.999588	0.998363	0.999422	0.988939
2012	0.999768	0.995356	0.998693	0.999122	0.997264	0.999318	0.987441
2013	0.996575	0.998487	0.998489	0.995924	0.992015	0.998193	0.993153
2014	0.996768	0.998	0.998374	0.997519	0.993199	0.996325	0.991318
2015	0.99975	0.998016	0.998288	0.99719	0.993351	0.996362	0.991322
2016	0.996809	0.997973	0.998187	0.996739	0.9934	0.996372	0.991638
2017	0.99696	0.997855	0.998238	0.996725	0.993292	0.996402	0.991179
2018	0.996884	0.997745	0.997942	0.996074	0.993307	0.994048	0.992502

年度 \ 地区	海南	重庆	四川	贵州	云南	西藏	陕西
2000	0.999799	0.999234	0.996835	0.988883	0.956713	0.22778	0.986914
2001	0.999999	0.99813	0.996802	0.98254	0.931473	0.000512	0.982663
2003	0.999865	0.998834	0.996031	0.967657	0.936909	0.000368	0.969809
2004	0.999966	0.996677	0.996433	0.964889	0.892119	0.946972	0.972131
2005	0.999392	0.99371	0.99639	0.944925	0.913732	0.965148	0.960623
2006	0.998854	0.982596	0.995291	0.918515	0.899569	0.974291	0.952754
2007	0.998987	0.993733	0.995228	0.927083	0.902662	0.960313	0.950057
2008	0.999292	0.99568	0.995728	0.956036	0.917603	0.97592	0.946706
2010	0.998026	0.996824	0.996289	0.957332	0.949428	0.988076	0.965243
2011	0.999695	0.999994	0.999779	0.984893	0.976663	0.998272	0.979857
2012	0.99957	0.999793	0.99946	0.980859	0.976631	0.992391	0.979252
2013	0.997953	0.996641	0.994786	0.973197	0.985513	0.993581	0.986971
2014	0.998875	0.99549	0.995079	0.977768	0.985286	0.998109	0.98722
2015	0.998009	0.995661	0.995172	0.979919	0.985589	0.994854	0.986985
2016	0.997588	0.995311	0.995138	0.980908	0.985795	0.996857	0.98631
2017	0.997681	0.995306	0.994559	0.977291	0.985157	0.9977	0.98608
2018	0.997577	0.99501	0.994178	0.978047	0.985247	0.997475	0.986869

续表

年度＼地区	甘肃	青海	宁夏	新疆
2000	0.995895	0.990078	0.997871	0.991642
2001	0.994351	0.979664	0.99792	0.98336
2003	0.977593	0.977833	0.994864	0.996324
2004	0.979775	0.97851	0.99405	0.993429
2005	0.958346	0.971569	0.991721	0.994016
2006	0.955037	0.962537	0.991032	0.99453
2007	0.94762	0.963622	0.986259	0.994982
2008	0.959319	0.958976	0.982202	0.992884
2010	0.969946	0.966527	0.986527	0.996529
2011	0.975862	0.982063	0.991161	0.998359
2012	0.975784	0.982818	0.989491	0.998003
2013	0.966841	0.974026	0.991883	0.993379
2014	0.973951	0.98301	0.992802	0.996203
2015	0.975549	0.983788	0.993081	0.995521
2016	0.975727	0.984287	0.99291	0.995482
2017	0.97536	0.983013	0.990921	0.996079
2018	0.975478	0.985554	0.991514	0.996435

从全国来看，2000～2015 年城乡居民收入比与消费支出比处于良好协调，2016～2018 年城乡居民收入比与消费支出比处于优质协调。从各地来看，上海、江苏、浙江城乡居民收入比与消费支出比一直处于优质协调；北京除了 2004 年外，城乡居民收入比与消费支出比也一直处于优质协调。天津城乡居民收入比与消费支出比在 2000～2010 年处于良好协调，2011～2018 年处于优质协调；河北城乡居民收入比与消费支出比在 2000～2011 年处于良好协调，2012～2018 年处于优质协调；山西城乡居民收入比与消费支出比在 2000～2012 年处于良好协调，2013～2018 年处于优质协调；内蒙古城乡居民收入比与消费支出比在 2016～2018 年、2000 年处于优质协调，2013～2016 年处于良好协调；辽宁城乡居民收入

比与消费支出比在 2007～2014 年以及 2003 年和 2004 年处于良好协调；其他年份处于优质协调。

吉林城乡居民收入比与消费支出比在 2003～2010 年处于良好协调，其他年份处于优质协调；黑龙江城乡居民收入比与消费支出比在 2003～2006 年处于良好协调，其他年份处于优质协调；安徽、山东、海南、河南、四川、湖北和湖南城乡居民收入比与消费支出比在 2000～2012 年处于良好协调，2013～2018 年处于优质协调；福建和江西城乡居民收入比与消费支出比在 2003～2012 年处于良好协调，其他年份处于优质协调；广东城乡居民收入比与消费支出比在 2000～2013 年处于良好协调，2014～2018 年处于优质协调；广西城乡居民收入比与消费支出比在 2001～2005 年、2007～2011 年处于中度协调，2016～2018 年处于优质协调，其他年份处于良好协调；重庆城乡居民收入比与消费支出比在 2000～2005 年、2007～2011 年处于中度协调，2014～2018 年处于优质协调，2012 年和 2013 年处于良好协调，2006 年处于初级协调；贵州城乡居民收入比与消费支出比在 2003～2008 年、2011～2012 年处于初级协调，2013～2018 年处于良好协调，其他年份处于中度协调；云南城乡居民收入比与消费支出比在 2000～2003 年、2005 年、2006 年处于初级协调，2004 年处于勉强协调，2007～2012 年处于中度协调，2013～2018 年处于良好协调；西藏城乡居民收入比与消费支出比在 2000 年处于中度失调，2001 年处于严重失调，2003 年处于极度失调，2004 年和 2005 年处于勉强协调，2006～2012 年处于中度协调，2013～2018 年处于良好协调；陕西城乡居民收入比与消费支出比在 2000～2012 年处于中度协调，2013～2018 年处于良好协调。

甘肃城乡居民收入比与消费支出比在 2006～2007 年处于初级协调，2013～2018 年处于良好协调，其他年份处于中度协调；青海城乡居民收入比与消费支出比在 2000～2008 年处于中度协调，2010～2018 年处于良好协调；宁夏城乡居民收入比与消费支出比在 2008 年处于中度协调，2017～2018 年处于优质协调，其他年份处于良好协调；新疆城乡居民收入比与消费支出比在 2000～2004 年处于中度协调，2013 年处于优质协调，其他年份处于良好协调。

表 1-8　2000～2018 年城乡居民收入比与消费支出比的耦合协调度

年度＼地区	全国	北京	天津	河北	山西	内蒙古	辽宁
2000	0.864664	0.926504	0.899858	0.891772	0.866467	0.909378	0.924441
2001	0.853423	0.921194	0.88184	0.893266	0.849264	0.876115	0.919689
2003	0.812549	0.901378	0.8833	0.863945	0.818002	0.837207	0.877233
2004	0.817312	0.899044	0.884578	0.877013	0.822563	0.83845	0.883757
2005	0.823983	0.915076	0.893294	0.87287	0.823591	0.850079	0.904569
2006	0.820707	0.91003	0.892474	0.872705	0.826787	0.849331	0.900641
2007	0.814977	0.924408	0.877938	0.871222	0.833731	0.843054	0.889028
2008	0.817586	0.930901	0.86422	0.867232	0.83727	0.839587	0.882219
2010	0.825051	0.944196	0.874879	0.882628	0.835261	0.824701	0.882845
2011	0.828102	0.947923	0.918265	0.899534	0.844075	0.828601	0.891986
2012	0.83551	0.94772	0.938694	0.907888	0.859283	0.840066	0.890612
2013	0.896509	0.922815	0.98193	0.940348	0.903555	0.892703	0.895533
2014	0.893749	0.909936	0.982999	0.939348	0.9068	0.898002	0.894829
2015	0.89778	0.910209	0.98296	0.940216	0.905308	0.899691	0.904658
2016	0.900413	0.914921	0.982669	0.939453	0.907411	0.902396	0.903367
2017	0.903048	0.91693	0.979737	0.939611	0.905644	0.904592	0.91056
2018	0.908075	0.918307	0.975325	0.989393	0.911323	0.909781	0.912215

年度＼地区	吉林	黑龙江	上海	江苏	浙江	安徽	福建
2000	0.91263	0.923633	0.95137	0.959034	0.944146	0.858867	0.9288
2001	0.906769	0.911479	0.951858	0.953047	0.93229	0.853794	0.914813
2003	0.864617	0.872925	0.949743	0.930749	0.921506	0.824389	0.885466
2004	0.873686	0.885144	0.938753	0.93071	0.920715	0.840428	0.881412
2005	0.876125	0.905735	0.950099	0.923121	0.921904	0.834411	0.880169
2006	0.88438	0.899652	0.951976	0.920582	0.920831	0.822212	0.871647
2007	0.880722	0.912953	0.942892	0.918941	0.926277	0.824213	0.872463
2008	0.88611	0.926879	0.935504	0.915378	0.931232	0.844323	0.869437
2010	0.895979	0.929658	0.933277	0.91928	0.934231	0.854274	0.866652
2011	0.9101	0.942192	0.932847	0.925783	0.934428	0.851768	0.872459
2012	0.915927	0.943195	0.936274	0.927707	0.9354	0.856489	0.877175
2013	0.946482	0.949499	0.93368	0.944662	0.963028	0.91212	0.93008
2014	0.948771	0.948338	0.927069	0.943797	0.962883	0.927267	0.93331
2015	0.948218	0.949502	0.932317	0.946416	0.967975	0.932331	0.936172
2016	0.950283	0.954775	0.931825	0.951089	0.970106	0.933021	0.938196
2017	0.95295	0.959153	0.932428	0.953572	0.969618	0.935104	0.942421
2018	0.947574	0.962316	0.934545	0.954383	0.971234	0.943776	0.943058

续表

年度＼地区	江西	山东	河南	湖北	湖南	广东	广西
2000	0.928053	0.897228	0.89666	0.890782	0.874696	0.871718	0.8252
2001	0.920021	0.894183	0.885316	0.890236	0.860933	0.866345	0.794256
2003	0.881084	0.880382	0.827134	0.845057	0.851857	0.830033	0.769865
2004	0.889748	0.880825	0.837957	0.862315	0.853795	0.824072	0.762255
2005	0.890149	0.8805	0.837331	0.870645	0.854907	0.826964	0.781656
2006	0.888725	0.877449	0.846877	0.870905	0.851657	0.826007	0.804077
2007	0.877918	0.87296	0.85246	0.865719	0.849429	0.816802	0.776242
2008	0.884013	0.869354	0.854147	0.879013	0.858761	0.832352	0.760463
2010	0.885493	0.871045	0.859293	0.875797	0.86295	0.829236	0.764417
2011	0.886633	0.886475	0.864602	0.873472	0.854467	0.844505	0.765242
2012	0.888952	0.893923	0.875341	0.880681	0.862327	0.846215	0.782009
2013	0.931875	0.907073	0.920392	0.93062	0.912133	0.886552	0.873747
2014	0.935288	0.91907	0.928371	0.946784	0.916371	0.90464	0.891721
2015	0.8917	0.921819	0.931748	0.949901	0.918496	0.908043	0.899829
2016	0.94095	0.922455	0.936592	0.949028	0.918485	0.908714	0.90766
2017	0.940959	0.923867	0.936821	0.949193	0.91859	0.910277	0.915738
2018	0.943906	0.925622	0.941826	0.954067	0.921644	0.921839	0.924117

年度＼地区	海南	重庆	四川	贵州	云南	西藏	陕西
2000	0.899973	0.774513	0.827478	0.7414	0.671934	0.231206	0.780858
2001	0.866577	0.766966	0.810202	0.728237	0.65787	0.010171	0.765353
2003	0.847019	0.718241	0.821178	0.677303	0.63225	0.004418	0.70627
2004	0.85247	0.726866	0.835388	0.667713	0.589172	0.500589	0.713541
2005	0.870096	0.743267	0.846815	0.668468	0.643287	0.59267	0.726673
2006	0.847922	0.693018	0.831807	0.622258	0.674547	0.782763	0.720349
2007	0.844432	0.754191	0.829573	0.643195	0.703886	0.73577	0.730998
2008	0.845743	0.766358	0.837964	0.691071	0.715651	0.725864	0.727937
2010	0.843605	0.789335	0.839595	0.720921	0.732941	0.764471	0.766004
2011	0.843716	0.78928	0.83125	0.69864	0.723792	0.739744	0.780914
2012	0.849647	0.800988	0.839327	0.716124	0.733121	0.739099	0.78818
2013	0.906614	0.889212	0.90799	0.82141	0.823028	0.839011	0.852988
2014	0.910227	0.905472	0.915778	0.832968	0.83828	0.836965	0.865929
2015	0.923644	0.912927	0.920692	0.838221	0.848013	0.838029	0.871871
2016	0.930214	0.919028	0.925077	0.840095	0.85238	0.833787	0.876084
2017	0.931607	0.921549	0.930175	0.840138	0.859093	0.843239	0.880952
2018	0.932987	0.92531	0.93509	0.856088	0.864589	0.847372	0.88387

续表

年度＼地区	甘肃	青海	宁夏	新疆
2000	0.772795	0.787575	0.861133	0.779307
2001	0.755706	0.755157	0.830243	0.7518
2003	0.712329	0.758442	0.819804	0.777151
2004	0.707698	0.761405	0.837392	0.799846
2005	0.716992	0.772435	0.825994	0.819194
2006	0.698214	0.77159	0.810782	0.813461
2007	0.676929	0.767258	0.807732	0.811776
2008	0.729061	0.779759	0.798603	0.815563
2010	0.75276	0.813194	0.83096	0.854693
2011	0.74651	0.822765	0.823705	0.857436
2012	0.752324	0.841392	0.835835	0.867404
2013	0.818888	0.882725	0.892135	0.908384
2014	0.822539	0.878307	0.897952	0.899843
2015	0.828571	0.871107	0.897943	0.883584
2016	0.824594	0.870792	0.899515	0.882605
2017	0.826804	0.874893	0.908493	0.881115
2018	0.833245	0.87716	0.909664	0.887078

注：（0，0.1）表示极度失调，［0.1，0.2）表示严重失调，［0.2，0.3）表示中度失调，［0.3，0.4）表示轻度失调，［0.4，0.5）表示濒临失调，［0.5，0.6）表示勉强协调，［0.6，0.7）表示初级协调，［0.7，0.8）表示中级协调，［0.8，0.9）表示良好协调，［0.9，1.0）表示优质协调。

第二章

城镇化与工业化对城乡收入差距的影响

第一节　城镇化、工业化与城乡收入差距——基于时间序列数据的分析①

一、引言

改革开放以来我国经济高速发展，城镇化和工业化进程加快，居民收入水平有了显著提高，但收入分配结构严重失衡，城镇居民和农村居民的收入差距以及行业之间、地区之间的收入差距在持续扩大。2000～2007年，城乡居民收入分配差距一直保持在2.8倍以上，城乡居民人均消费支出差距保持在3.6倍以上。对于发展中国家而言，城乡收入差距通常与二元经济结构及其转变有关，而经济社会从二元结构逐渐过渡到城乡融合的过程实际上就是经历城镇化和工业化过程。因此，城镇化、工业化与城乡收入差距的关系被广泛关注，不少学者对此进行了深入研究。

关于城镇化对城乡收入差距的影响主要存在三种观点：一是城镇化扩大了城乡收入差距（陈迅等，2007；程开明等，2007）；二是城镇化缩小了城乡收入差距（潘文轩，2010；毛其淋，2011）；三是城镇化的发展在短期内扩大了城乡收入差距，但这种不利影响从长期来看将逐步消失（陈晓毅，2010）。对于工业化而言，其对城乡收入差距的影响也有三种观点：一是工业化扩大了城乡收入差距（潘文轩，2010）；二是工业化的发展在短期内扩大了城乡收入差距，但从长期来看工业化的这种负面影响将逐渐减弱，最终将反过来缩小城乡收入差距（陈晓毅，2010）；三是工业化与城乡收入差距之间不存在长期稳定的均衡关系（卢小祁等，2011）。

上述研究将城镇化、工业化对城乡收入差距的影响结合进行系统研

① 原文发表于《新疆社会科学》2012年第4期，第28－35页。

究的较少，且因各个学者的研究方法、样本数据、设计的指标不同以及各个指标的统计口径也存在差异而导致其结论不尽相同。更遗憾的是已有研究没有考虑中国经济制度特征。中国经济发展已实现了两个转变：由计划经济转向市场经济；由封闭经济转向开放经济。因此，本书对城镇化、工业化与城乡收入差距的关系进行理论与实证研究时将经济制度变量——市场化程度与经济开放水平纳入分析框架。

二、变量选取、数据来源与模型构建

（一）变量选取

1. 被解释变量——城乡收入差距。从已有文献来看，国内学者普遍采用以下三种指标来度量城乡收入差距：一是城镇居民人均可支配收入与农村居民人均纯收入之比，如潘文轩（2010）、陈晓毅（2010）；二是基尼系数，如王小鲁等（2005）；三是城乡居民消费支出比和城乡消费水平比，如程开明等（2007）。但是上述三种指标都存在共同的缺陷，即没有考虑各地区城镇和农村人口所占的比重，无法准确、全面度量我国城乡收入差距的实际情况。而泰尔指数正好弥补了上述指标的缺陷，不仅考虑了城乡人口的比重，也反映了区域内部以及区域之间的不平等程度，更重要的是泰尔指数对两端（高收入和低收入阶层）收入的变动比较敏感，已有的研究结果表明我国城乡收入差距主要体现在两端的变化。因此，本书选择泰尔指数（TL）作为衡量我国城乡收入差距的指标。其定义和计算公式为：

$$TL_t = \sum_{j=1}^{2}\left[\frac{P_{j,t}}{P_t}\right]\ln\left[\left(\frac{P_{j,t}}{P_t}\right)/\left(\frac{INC_{j,t}}{INC_t}\right)\right] \tag{2-1}$$

其中，t 表示年份；$j=1$、2 分别代表城镇地区和农村地区；P 表示城乡居民总人口数；P_j表示城镇居民或农村居民总人口数；INC 表示城乡居民总收入；INC_j表示城镇居民总收入或农村居民总收入。泰尔指数值越大，表明城乡收入差距越大。

2. 解释变量。

（1）城镇化水平。对于城镇化水平（URB），目前主要有两种测量方法：一是人口城镇化率，即用城镇人口比重来度量，如程开明等（2007）；二是就业城镇化率，即用非农业人口比重来度量，如潘文轩（2010）、郭军华（2009）。而我国城镇人口是以户籍为统计标准，没有考虑不具备城镇户籍，但常住城镇的人口，故人口城镇化率会低估城镇化水平，而非农业人口也包括了农村居民中就业或其收入来源并非农业的人口，所以就业城镇化率会高估城镇化水平。因此，我们将这两种方法相结合，构建衡量城镇化水平的新指标。其定义和计算公式为：

$$城镇化水平=\frac{城镇人口}{城乡总人口}\times 相应的权重+\frac{非农业就业人口}{总就业人口}\times 相应的权重 \tag{2-2}$$

其中，人口城镇化率和就业城镇化率的权重分别确定为0.5。

（2）工业化水平。本书采用非农产业产值（第二、三产业产值之和）占GDP的比重来衡量工业化水平（IND）。

3. 控制变量。

（1）市场化程度（MAR）。关于市场化程度，不少研究从非国有经济对国民经济的贡献这一视角来测度，包括非国有经济在工业总产值中的比重、非国有经济职工占职工总人数的比重等方法（沈颖郁、张二震，2011）。但国有经济、国有企业也逐渐采取市场化运行模式，采用这一标准会降低市场化水平。故我们从政府与市场的关系出发，构建以下公式来测量市场化程度：

市场化程度=1－财政支出占GDP的比率

财政支出占GDP的比率反映了政府对经济的干预程度、对社会资源配置的引导作用。其中，财政支出包括中央财政支出和地方财政支出。中央政府和地方政府对经济的干预程度越深，指标值越小，说明经济市场化程度越低。

（2）经济开放水平。测定经济开放水平最常见的指标就是贸易依存度（即进出口总额/GDP），如喻微锋和吴刘杰（2011）。此外，也有学者用进出口总额与利用外资总额之和占GDP的比重来度量。前者没有考虑所有的对外经济活动，仅关注了对外贸易，而后者仅考察了对外经济活动在国民经济活动中的规模，没有考虑对外经济活动的结构（对外贸易和利用外资在国民经济中的重要程度）。因此，本书采用主成分分析方法，通过对外贸依存度和外资占 GDP 的比重两个指标进行加权，得到一个能够较为全面反映对外开放水平的经济开放度指数（用 OPE 表示）。主成分分析法的基本原理是给那些存在较大差异的变量赋予较大的权重，而对那些差异较小的变量赋予较小的权重，因而使得由此生成的指数能够更好地体现差异性。其具体计算方法为：

$$OPE_t = TRA_t \times \lambda_t + FDI_t \times \gamma_t \tag{2-3}$$

$$\lambda_t = (TRA_t - TRA_{\min})/(TRA_{\max} - TRA_{\min}) \times 100 \tag{2-4}$$

$$\gamma_t = (FDI_t - FDI_{\min})/(FDI_{\max} - FDI_{\min}) \times 100 \tag{2-5}$$

其中，t 表示年份；TRA 表示外贸依存度；FDI 表示利用外资占 GDP 的比重；λ 和 γ 分别表示 TRA 和 FDI 在经济开放水平指标中的权重系数；$TRTA_{\min}$、$TRTA_{\max}$ 分别表示考察期内外贸依存度的最小值和最大值；$FDI_{\min}$、$FDI_{\max}$ 分别表示 FDI 的最小值和最大值。

（二）数据来源

本书所有数据均来源于《中国统计年鉴》和国家统计局公布的数据，时间跨度为 1985 ~ 2010 年（部分变量 1978 ~ 1984 年的数据缺失）。为了避免 1985 年的经济开放指标值为零的情况，我们将进出口贸易总额、利用外资总额和 GDP 总额数据时间段推到 1984 ~ 2010 年，因为 1984 年的外贸依存度、利用外资占 GDP 的比率是考察时间段中的最小值，采用式（2 - 4）、式（2 - 5）计算，不会导致 1985 ~ 2010 年的经济开放指标值出现为零的特例。由于统计年鉴上利用外资的数据是以美元计价，故本书用相应年份的年平均汇率将其转化为以人民币表示的数据。所有变量的描述性统计如图 2 - 1、图 2 - 2 所示。

（三）模型构建

由于回归分析既不能区分长期和短期效应，也不能确定城镇化、工业化对城乡收入差距影响的方向和程度，所以构建 VAR 和 VEC 模型，借

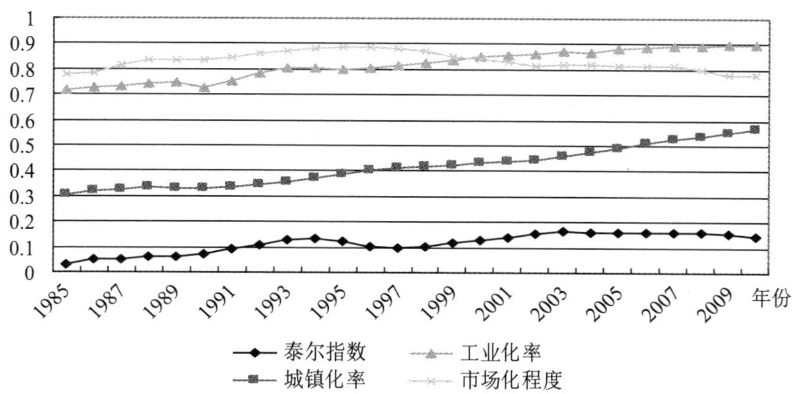

图 2－1　泰尔指数、城镇化率、工业化率、市场化程度变化趋势

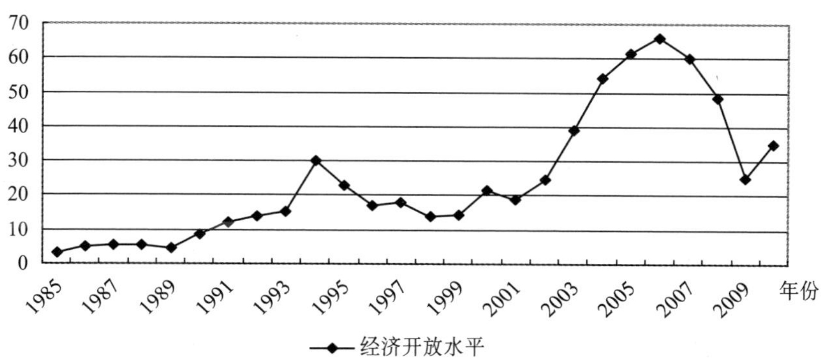

图 2－2　经济开放水平的变化趋势

助协整检验、格兰杰检验进行实证分析，研究变量间长短期动态关系。根据 Sims，C. A.（1980）的方法，将 VAR（p）模型设为：

$$Y_t = \prod_1 Y_{t-1} + \prod_2 Y_{t-2} + \cdots + \prod_p Y_{t-p} + \ell X_t + \varepsilon_t \qquad (2-6)$$

$$t = 1,2,\cdots,T\ ,\ \varepsilon_t \sim IND(0,\Omega)$$

其中 Y =（TL，URB，IND，MAR，OPE）′是五维内生变量列向量；TL、URB、IND、MAR、OPE 分别表示泰尔指数、城镇化率、工业化率、市场化程度、经济开放水平。X_t是 d 维外生列向量，代表趋势项、常数项等确定性趋势；p 是滞后阶数；T 是样本个数；ε_t 是五维扰动列向量；$\prod$ 与 ℓ 代表 5×5 和 $5\times d$ 矩阵。

Enge 和 Granger 将协整与误差修正模型结合，建立了向量误差修正模型。若变量 TL、URB、IND、MAR、OPE 都为一阶单整，而且这五个变量之间存在协整关系，则可建立 VEC 模型。在式（2－6）两边减去 Y_{t-1}，可得到下面的式（2－7）：

$$\Delta Y_t = \Gamma_0 \Delta Y_{t-1} + \sum_{i=1}^{p-1} \Gamma_i \Delta Y_{t-i} + \ell X_t + \varepsilon_t \tag{2-7}$$

其中，$\Gamma_0 = \sum_{i=1}^{p} \prod_{i-I}, \Gamma_i = -\sum_{j=i+1}^{p} \prod_j$

Γ_0 可分解为 $\Gamma_0 = \alpha\beta'$，α、β 为 $5 \times r$ 矩阵，且二者的秩同为 r，α 为调整系数矩阵，β 的每一列都是一个协整向量，则式（2－7）可表示为：

$$\Delta Y_t = \alpha\beta' \Delta Y_{t-1} + \sum_{i=1}^{p-1} \Gamma_i \Delta Y_{t-i} + \ell X_t + \varepsilon_t \tag{2-8}$$

如式（2－8）中不含外生变量，则误差修正模型变为：

$$\Delta Y_t = \alpha \mathrm{CEM}_{t-1} + \sum_{i=1}^{p-1} \Gamma_i \Delta Y_{t-i} + \varepsilon_t \tag{2-9}$$

其中，$\mathrm{CEM}_{t-1} = \beta' \Delta Y_{t-1}$，是误差修正项向量。

三、实证检验

（一）变量的单位根检验

构建 VAR 模型及进行协整检验的前提是所有变量服从同阶单位根过程。常用的单位根检验方法为 Dicke 和 Fuller（1974）提出的 ADF 检验法。本书利用 Eviews5.0 软件分别对变量 TL、URB、IND、MAR、OPE 的水平值和一阶差分进行 ADF 单位根检验，检验结果如表 2－1 所示。从表 2－1 可以看出，在 5% 的显著性水平上各时间序列变量的一阶差分都是平稳的，也就是都属于序列 I（1）。

（二）变量的协整检验

恩格尔—格兰杰（Engel 和 Granger，1987）两阶段法是检验变量之间是否存在协整关系的常用方法，但这种方法在处理有限样本时的估计具有偏差，故采用 Johansen 检验法（1988）对各组变量进行协整检验。

表 2-1 单位根 ADF 检验结果

变量	检验类型（C，T，K）	ADF 检验值	1% 临界值	5% 临界值	10% 临界值
TL	（C，N，2）	-2.588459	-3.752946	-2.998064	-2.638752
D（TL）	（N，N，1）	-2.379171**	-2.669359	-1.956406	-1.608495
URB	（C，T，1）	-2.835019	-4.394309	-3.612199	-3.243079
D（URB）	（N，N，3）	-4.188503**	-4.467895	-3.644963	-3.261452
IND	（C，T，1）	-2.623607	-4.394309	-3.612199	-3.243079
D（IND）	（N，N，0）	-3.298212*	-2.664853	-1.955681	-1.608793
MAR	（C，N，1）	-1.833832	-3.737853	-2.991878	-2.635542
D（MAR）	（N，N，0）	-2.240849**	-2.664853	-1.955681	-1.608793
OPE	（C，T，1）	-2.986706	-4.394309	-3.612199	-3.243079
D（OPE）	（N，N，0）	-3.504574*	-2.664853	-1.955681	-1.608793

注：检验形式（C，T，K）分别表示单位根检验方程包括常数项、时间趋势项和滞后阶数，N 是指不包括 C 或 T，加入滞后变量是为了使残差项成白噪声，D 表示一阶差分。* 表示在 1% 显著性水平上拒绝原假设，** 表示在 5% 显著性水平上拒绝原假设，K 根据 AIC、SC 值选取。

在进行 Johansen 检验之前，首先要确定 VAR 模型的滞后阶数，而 AIC、SC 信息准则显示 VAR 模型的最优滞后阶数为 2。为了保证分析结果的准确性，我们对 VAR 模型的稳定性进行了检验。图 2-3 显示 VAR 模型所有的根都位于单位圆内，则其是稳定的。

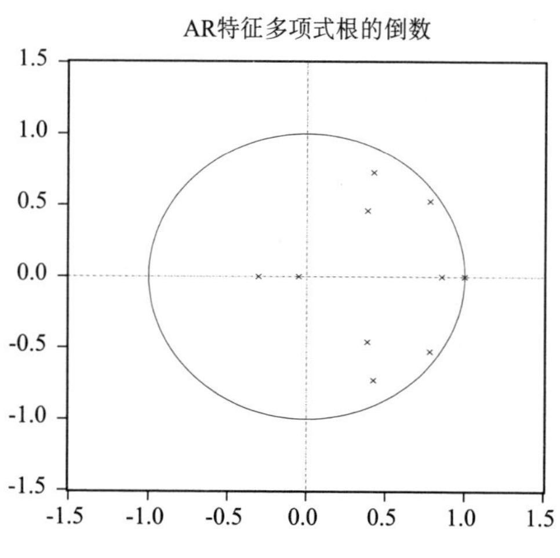

图 2-3 VAR 模型单位根

运用 Johanson 检验方法对五变量 TL、URB、IND、MAR、OPE 之间是否存在协整关系进行检验。从检验结果表 2-2 可以看出，在 10% 的显著性水平上，迹检验和最大特征根检验都表明上述五个变量之间存在四个协整关系。选择最大的特征值对应的协整方程，并将其正则化，得到协整方程的具体形式如下：

$$TL = -0.149516URB - 1.160965IND - 0.429352MAR + 0.000486OPE$$

$$(-2.1959) \quad (-18.3436) \quad (-15.0010) \quad (6.2141) \tag{2-10}$$

其中，括号内为相应变量系数的 t 统计量。在 5% 的显著性水平上，协整方程各解释变量系数都通过了显著性检验。检验结果表明五个变量 TL、URB、IND、MAR、OPE 之间存在长期均衡关系。泰尔指数与城镇化率、工业化率、市场化程度呈负相关关系，与经济开放水平呈正相关关系。城镇化率每增加 1%，泰尔指数降低 0.1495%；工业化率每增加 1%，泰尔指数降低 1.16097%；市场化程度每提高 1%，泰尔指数降低 0.4294%。泰尔指数受经济开放水平的影响较小，经济开放水平每提高 1%，泰尔指数上升 0.00048%。

表 2-2 变量的 Johansen 协整检验结果

零假设	特征值	迹			最大特征根		
		统计量	10% 临界值	概率值	统计量	10% 临界值	概率值
无*	0.984944	183.2319	65.81970	0.0000	96.50676	31.23922	0.0000
最多 1 个*	0.882456	86.72514	44.49359	0.0000	49.24158	25.12408	0.0000
最多 2 个*	0.618738	37.48356	27.06695	0.0054	22.17817	18.89282	0.0355
最多 3 个*	0.477791	15.30539	13.42878	0.0534	14.94282	12.29652	0.0390
最多 4 个	0.015640	0.362568	2.705545	0.5471	0.362568	2.705545	0.5471

注：* 表示在 10% 的显著性水平上拒绝原假设。

（三）向量误差修正模型

Granger 定理指出，若一组变量之间存在协整关系，则变量之间的短期非均衡关系总能由一个误差修正模型表述。根据式（2-10），建立误差修正模型如下：

$$\Delta TL_t = 0.014 + \underset{(0.70)}{0.112CEM_{t-1}} + \begin{bmatrix} 0.418 \\ (1.19) \\ -0.935 \\ (-2.11)^{*} \\ 0.256 \\ (0.24) \\ 0.176 \\ (1.05) \\ -0.00017 \\ (-0.801) \end{bmatrix}' \begin{bmatrix} \Delta TL_{t-1} \\ \Delta URB_{t-1} \\ \Delta IND_{t-1} \\ \Delta MAR_{t-1} \\ \Delta OPE_{t-1} \end{bmatrix} + \begin{bmatrix} -0.831 \\ (-3.28)^{*} \\ -0.338 \\ (-0.58) \\ 0.421 \\ (2.05)^{*} \\ -0.465 \\ (-1.87)^{*} \\ 0.0005 \\ (1.94)^{*} \end{bmatrix}' \begin{bmatrix} \Delta TL_{t-2} \\ \Delta URB_{t-2} \\ \Delta IND_{t-2} \\ \Delta MAR_{t-2} \\ \Delta OPE_{t-2} \end{bmatrix} \tag{2-11}$$

误差修正项 CEM_{t-1} 为：

$$CEM_{t-1} = TL_{t-1} + \underset{(-2.20)}{0.1495URB_{t-1}} + \underset{(-18.34)}{1.1610IND_{t-1}} + \underset{(-15.00)}{0.4294MAR_{t-1}} - \underset{(-6.21)}{0.0005OPE_{t-1}} - 1.2442 \tag{2-12}$$

在该模型中，AIC 和 SC 值都很小，分别为 -7.080231 和 -6.487799，这表明向量误差修正模型的整体效果较好。从向量误差修正模型可以知道，当泰尔指数短期偏离长期均衡点时，系统将会以 0.112 的速度进行反向调整。在 5% 的显著性水平上，变量 ΔURB_{t-1}、ΔTL_{t-2}、ΔIND_{t-2}、ΔMAR_{t-2}、ΔOPE_{t-2} 的系数都通过了显著性检验。因此，当期泰尔指数的短期波动不仅受到来自滞后二期的工业化率、市场化程度、经济开放水平和滞后一期的城镇化率的影响，而且受到其自身滞后二期的影响。其中，滞后一期的城镇化率、滞后二期的泰尔指数对当期泰尔指数的波动影响较大，弹性系数分别为 -0.935、-0.831，而滞后二期的经济开放水平的影响甚微，弹性系数为 0.0005。

（四）变量的格兰杰检验

格兰杰因果检验通常有两种方法：一种是直接利用F统计量进行检验，另一种是基于VEC模型的检验。本书利用这两种方法同时进行检验。检验结果如表2-3所示，在10%的显著性水平、滞后二期的情况下，URB是TL的Granger原因；在5%的显著性水平、滞后六期的情况下，IND是TL的Granger原因。在5%的显著性水平、滞后二期的情况下，D（URB）是D（TL）的Granger原因，而D（IND）不是D（TL）的Granger原因。这表明无论是长期还是短期，城镇化率都是导致城乡收入差距缩小的原因，而工业化率只有在长期情况下才是导致城乡收入差距缩小的原因。

表2-3　　格兰杰因果检验结果

两两格兰杰因果关系检验				
原假设	滞后期数	F - Statistic	Probability	结论
URB不是TL的Granger原因	2	2.84010	0.08334	**
TL不是URB的Granger原因	2	7.75597	0.00345	*
IND不是TL的Granger原因	6	5.05738	0.02579	*
TL不是IND的Granger原因	6	3.81012	0.05174	**
误差纠正模型格兰杰因果关系检验				
原假设	滞后期数	Chi - sq	Probability	结论
D（URB）不是D（TL）的Granger原因	2	8.367890	0.0152	*
D（TL）不是D（URB）的Granger原因	2	2.898216	0.2348	
D（IND）不是D（TL）的Granger原因	2	4.222053	0.1211	
D（TL）不是D（IND）的Granger原因	2	5.911536	0.0520	**

注：** 表示在10%的显著性水平上拒绝原假设，* 表示在5%的显著性水平上拒绝原假设。

四、实证检验结果分析

（一）城镇化与城乡收入差距

从实证检验的结果来看，城镇化与城乡收入差距之间存在长期均衡关系，且城乡收入差距的短期波动也受到城镇化率变化的影响，城镇化率的提高是缩小城乡收入差距的原因。从理论上来说，城镇化对缩小城乡收入差距具有双重影响。一方面，城镇化对缩小城乡收入差距有积极作用（陆铭和陈钊，2004）。Todaro（1969）认为在二元经济中只要城乡期望收入存在着差距，就会引起劳动力流动，而劳动力的流动则会带动要素报酬的均等化而减少收入差距。与现代城市工业相比，边际收益递减规律在农业生产中的作用尤为显著，使得增加劳动投入所获得的收益增加较为缓慢。这种城乡劳动生产率的差异必然会导致工资的差异。因此，增加农民收入就必须提高农业劳动生产率，而农业劳动生产率的提高依赖于农业生产经营的规模化和产业化、农村产业结构的优化升级。农村中大量人口和剩余劳动力的存在，严重阻碍了土地的规模经营、农产品商品率的提高和农业的产业化经营，制约了农村产业结构的调整。加快城镇化建设，引导农村剩余劳动力向城镇转移，可以促进农业规模化和产业化经营以及农村经济结构的调整，从而提高农村的劳动生产率；同时城镇劳动供给量的增加将加剧劳动力市场的竞争，进而降低城镇劳动者的工资水平；农村剩余劳动力的减少将提高农民的劳动报酬。另一方面，城镇化对缩小城乡收入差距有负面影响。改革开放以来不少农村居民通过多种渠道转为城镇居民，其中多为农村居民中的富裕者，因而这种“农转非”直接导致了城乡收入差距的逐步扩大。此外，随着城镇化进程的加速，农村中的高素质人才和资源大规模向城镇集聚，降低了农村生产率，加剧了城乡收入差距。而实证检验的结果显示，城镇化率的提高无论是长期还是短期都缩小了城乡收入差距。因此，从总体上来说，城镇化进程对缩小城乡收入差距具有积极作用。

（二）工业化与城乡收入差距

Kuznets 从发展经济学的角度研究发现，从农业化向工业化的发展过程中，初期由于社会资源向工业部门集中，会引起收入差距的扩大，随着工业化的完成，收入差距会逐渐缩小。对于工业化而言，其缩小城乡收入差距的途径主要是通过就业效应和农产品供求效应。工业化通过改变就业结构，促进农民的非农就业来增加农民的非农收入、拓宽农民的收入来源渠道。同时，农业就业人口的减少、非农就业人口的增加改变了农产品的供求均衡和结构，增加了对农产品的有效需求。此外，作为工业原材料的初级农产品，其需求会随着工业的发展而增加。这两种因素都会导致农产品价格上升，增加农民的农业经营收入。与此相反，工业化也存在扩大城乡收入差距的因素。一是工农业相对生产率的差异。农业生产部门的技术进步与创新、制度变革一般慢于工业部门；另外，城市工业部门还能够形成农业所难以形成的聚集经济效应，克服收益递减规律，从而导致工业部门的劳动生产率与劳动者收入水平都高于农业部门。二是工农业产品价格剪刀差。与工业产品相比，农产品的需求收入弹性较低且市场竞争程度高，因此，农产品贸易条件会随着工业化进程的推进以及居民收入水平的提高而不断恶化，进而扩大城乡收入差距。三是社会经济资源在工农业间的非均衡配置。由于工业部门的生产效率较高、投资与就业机会多以及政府偏向工业的政策，因此，无论是劳动力、资金还是教育资源，都趋向于工业集中，加剧城乡收入差距。所以，工业化究竟是缩小城乡收入差距还是扩大城乡收入差距，取决于这两个方面的综合作用。实证分析结果表明：工业化在短期内扩大了城乡收入差距，但长期来看工业化具有缩小城乡收入差距的作用（长期弹性系数为 -1.16097%，短期弹性系数为0.421）。

（三）城镇化、工业化缩小城乡收入差距的效果受制于市场化程度、经济开放水平

1. 经济市场化有助于缩小城乡收入差距。在制度完善、发育成熟的市场环境下，各种生产要素能够自由流动，按市场规律配置到各个部门，获得社会平均利润。这种资源配置的帕累托最优状态有利于缩小城乡收入差距。但由于城乡二元结构体制决定的城乡市场化程度不同，农村的计划经济因素较多，市场化程度较低，尤其是农村生产要素市场发展严重滞后，导致农村生产效率低，投资与就业机会少，农村劳动力、资金等生产要素以不等价交换途径大规模流入城市。就农村劳动力而言，农民工在城市劳动力市场上与市民的待遇不平等，即同工不同酬，社会福利待遇差别很大。因此，城乡分割的市场体制使农民不能与城市居民共同分享工业化、城市化的成果。此外，中央和地方政府偏向城市、干预经济运行的各种政策，一方面制约了城市化与工业化促进农民增收的积极效应，另一方面又放大了城市化与工业化加剧收入分配失衡的消极效应，从而成为我国城乡居民收入差距扩大的人为因素。因此，作为宏观调控方的政府不应该参与市场微观主体的经济决策行为，而应充分发挥市场无形之手的作用，提高资源配置效率，才能逐步缩小城乡收入差距。实证检验结果也支持上述观点，即随着市场化程度的加深，反映城乡收入差距的泰尔指数趋于减小。

2. 经济开放阻碍了城乡收入差距缩小的步伐。经济开放导致城乡收入差距扩大的原因主要表现在四个方面。一是城乡经济开放水平不同。我国的改革开放政策实行的是由点到面逐步推进，不同地区的对外开放顺序不一致，沿海地区优先于内陆地区、城市地区优先于农村地区，因此加剧了区域经济发展的不平衡，导致了城乡之间收入差距较大的后果。二是农产品出口竞争力差。国际农产品市场瞬息万变，各国农产品贸易政策和多边农业贸易规则不断调整，技术性贸易壁垒和进口检验检疫要求增加，再加上我国农产品出口中存在缺乏品牌产品、出口企业规模小、实力弱等问题，严重削弱了出口农产品的竞争力，导致我国农产品出口比重不断下降。三是农村地区、农业吸引外资能力差。农村地区则由于在区位、基础设施、制度环境、资金技术等方面的制约导致其利用外资的能力及效果差。外资主要选择基础设施、制度环境较为完善的城镇地区且集中于二、三产业。四是技术溢出效应。对外贸易和利用外资的技术溢出效应引起产业结构从劳动密集型向技术密集型转化，从而改变就业结构，增加对技术性劳动力的相对需求和工资收入，减少对非技术性劳动力（绝大多数为农村劳动力）的需求，造成结构性失业。综上所述，经济开放水平的提高扩大了城乡收入差距，与实证检验结果相吻合。

第二节　城镇化与工业化对城乡收入差距的影响——基于中国省际面板数据的实证分析

一、引言

中国日益扩大的城乡收入差距问题严重影响了经济的可持续发展，已成为全社会关注的焦点。1978 年，全国城镇居民人均可支配收入为 316 元，农村居民人均纯收入为 133.57 元，二者之比为 2.36∶1；2010 年，城镇居民人均可支配收入为 19109.4 元，农村居民人均纯收入仅为 5919.0 元，二者之比为 3.23∶1，而贵州和云南城乡居民人均收入差距超过了 4 倍。缩小城乡收入差距，对于促进社会公平、统筹城乡协调发展、推进城乡一体化进程具有重大意义。1980～2010 年全国城镇居民人均可支配收入和农村居民人均纯收入如图 2－4 所示。

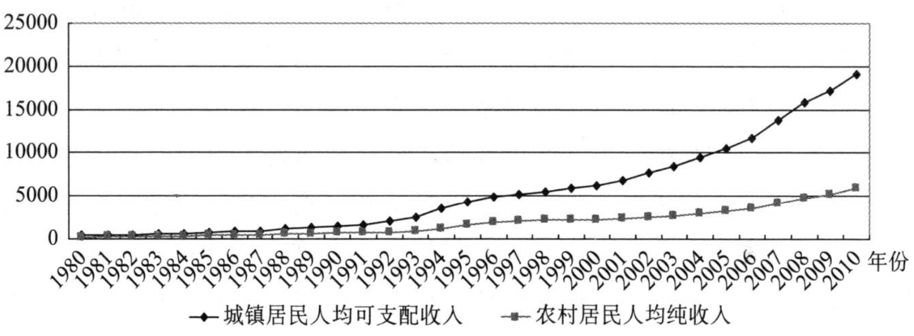

资料来源：根据《中国统计年鉴》（1998～2011 年）的数据整理。

图 2－4　1980～2010 年全国城镇居民人均可支配收入和农村居民人均纯收入

二、文献综述

关于城乡收入差距的研究，主要是从以下几个方面展开的。一是从城乡分割的二元经济结构和政策制度视角进行研究，如蔡昉和杨涛（2000）认为，1978 年以前的城乡收入差距与重工业优先发展战略有关，改革开放后主要源于城市利益集团的压力及制度障碍；陈斌开和林毅夫（2013）的研究也表明重工业优先发展战略导致了城乡收入差距扩大。二是从对外贸易与经济开放程度视角来探讨城乡收入差距的成因，如毛其淋（2011）认为经济开放在总体上扩大了城乡收入差距，但存在区域的差异性；沈颖郁和张二震（2011）认为对外贸易和 FDI 的增加均将导致城乡收入差距的进一步扩大。三是从金融层面来揭示城乡收入差距的成因，如楼裕胜（2008）、张前程等（2010）、钱水土等（2011）认为城乡金融非均衡发展在一定程度拉大了城乡收入差距；张立军等（2006）运用 1978 ~ 2004 年的相关数据分析，发现农村金融发展扩大了城乡收入差距。四是从人力资本和教育投资的视角出发，郭剑雄（2005）通过内生增长理论揭示了我国农村较低的人力资本积累率是造成农村收入增长困难的根本原因；陈斌开等（2010）通过对中国城乡收入差距影响因素的 Oaxaca - Binder 分解，发现教育水平差异是城乡收入差距最重要的影响因素。此外，也有学者从财政支出视角研究影响城乡收入差距变化的因素，如 Khan 等（2015）认为政府支出的增加能够显著缩小城乡收入差距，而且财政支出分权显著降低了中国的城乡收入差距水平；沈坤荣和张璟（2007）的研究表明公共财政支出在降低城乡收入差距上的作用不明显。

中国的城乡收入差距与二元经济结构及其转变有关，而经济社会从二元结构发展到城乡一体化的过程实际上就是经历城镇化和工业化过程。因此，不少学者从城镇化与工业化的角度解读城乡收入差距。曹裕等（2010）、毛其淋（2011）利用省级面板数据模型进行研究，发现城镇化缩小城乡收入差距的作用显著，潘文轩（2010）通过理论研究与实证分析也得出了类似结论。程开明等（2007）根据 1978 ~ 2004 年的时序数据，对城镇化、城市偏向与城乡收入差距三者之间的动态关系进行计量分析，得出了相反的结论，即城镇化与城市偏向扩大了城乡收入差距。而卢小祁和匡小平（2011）的研究表明城镇化的推进对城乡居民收入差距的变动没有影响。关于工业化对城乡收入差距的影响，主要存在三种观点：一是工业化扩大了城乡收入差距（张启良等，2010；王宏利，

2011)；二是工业化与城乡收入差距之间并不存在长期稳定的均衡关系(卢小祁和匡小平，2011)。三是工业化在短期内扩大了城乡收入差距，但从长期来看工业化具有缩小城乡收入差距的作用（贺建清，2012)。

从已有研究来看，分别对城镇化、工业化与城乡收入差距的关系进行研究的较多，而将城镇化与工业化结合起来进行研究，尤其是将城镇化与工业化作为核心解释变量研究其对城乡收入差距的影响较少，且没有考虑地区差异，缺乏对城镇化与工业化影响城乡收入差距的机理分析。因此，本书首先分析城镇化、工业化影响城乡收入差距的机理，接着利用面板数据模型分析城镇化、工业化与城乡收入差距的关系，再从农民收入来源和行业收入差距分析城镇化、工业化对城乡收入差距的影响。

三、城镇化、工业化影响城乡收入差距的机理

(一) 城镇化影响城乡收入差距的机理

根据刘易斯的二元经济结构理论，发展中国家农村存在无限丰富的剩余劳动，把他们转移到城镇工业部门中不会使农业总产量减少，因为这些劳动的边际生产率很小，甚至接近于零。虽然农村剩余劳动力的边际生产率接近于零的观点有些夸张，但中国农村存在隐蔽性失业或就业不足是个不可否认的事实。Todaro（1969）认为只要在二元经济中存在着城乡期望收入差距，就会引起劳动力流动，而劳动力要素流动则会导致要素报酬的均等化从而减少收入差距。因此，我们可以构建一个模型，阐述城镇化通过转移农村过剩的劳动力来缩小城乡收入差距的机理，如图 2-5 所示。Q_0Q_1是农村和城镇市场劳动力总量，曲线 L_R和 L_U分别表示农村劳动力和城镇劳动力的边际报酬。初始阶段农村劳动力存量为 Q_0Q_2，劳动力边际报酬为 Q_0D，城镇劳动力存量为 Q_1Q_2，劳动力边际报酬为 Q_1F，由于 Q_1F 大于 Q_0D，导致农村劳动力向城镇转移。此时，农村劳动力存量为 Q_0Q_3，劳动力边际报酬为 Q_0C，城镇劳动力存量为 Q_1Q_3，劳动力边际报酬为 Q_1H。随着农村劳动力向城镇转移，农村劳动力工资上升，城镇劳动力工资下降。如果市场完全有效，则会在 E 点实现劳动力

市场均衡，农村劳动力要素边际报酬和城镇劳动力要素边际报酬将相等。但由于城乡分割的户籍制度、就业制度以及劳动力技能的差异，不会在 E 点实现劳动力市场均衡。

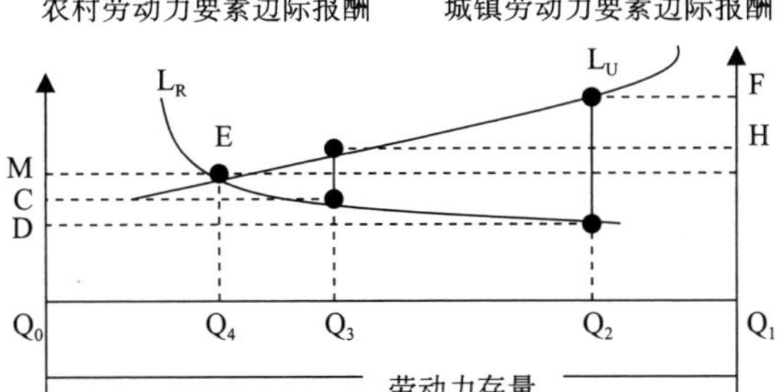

图 2－5　城镇化通过转移农村过剩的劳动力来缩小城乡收入差距的机理

（二）工业化影响城乡收入差距的机理

为了分析工业化如何影响城乡收入差距，可建立一个仅包括农业和工业两个部门的产出模型。假设劳动和资本是投入要素，个体通过选择在农业和工业部门进行劳动，以获得最大效益。社会总产出函数如下：

$$G = F[H(L_a, K_a), Z(L_I, K_I)] \quad (2-13)$$

约束条件：$L = L_a + L_I$；$K = K_a + K_I$；

H 和 Z 分别表示农业部门、工业部门的产出；G 表示工农业部门总产出；L_I 和 K_I 分别表示工业部门的劳动和资本投入；L_a 和 K_a 分别表示农业部门的劳动和资本投入，资本和劳动力要素之间完全不能替代。

最大化产出的均衡条件是：

$$\frac{\partial F}{\partial Z}\frac{\partial Z}{\partial L_I} \Big/ \frac{\partial F}{\partial H}\frac{\partial H}{\partial L_a} = \frac{W_I}{W_a} \quad (2-14)$$

$$\frac{\partial F}{\partial Z}\frac{\partial Z}{\partial K_I} \Big/ \frac{\partial F}{\partial H}\frac{\partial H}{\partial K_a} = \frac{R_I}{R_a} \quad (2-15)$$

其中，$\frac{\partial F}{\partial H}\frac{\partial H}{\partial L_a}$ 和 $\frac{\partial F}{\partial Z}\frac{\partial Z}{\partial L_I}$ 分别表示农业、工业部门劳动力要素的边际

产出；W_a 和 W_I 分别表示农业、工业部门劳动力的报酬；$\frac{\partial F}{\partial H}\frac{\partial H}{\partial K_a}$ 和 $\frac{\partial F}{\partial Z}\frac{\partial Z}{\partial K_I}$ 分别表示农业、工业部门资本要素的边际产出；R_a 和 R_I 分别表示农业、工业部门资本报酬率。由式（2－13）可知，工农业收入差距主要由农业、工业部门劳动力要素的边际产出决定。

由于农产品市场竞争激烈且需求收入弹性低，导致农产品价格低于工业产品，贸易条件恶化，农业部门利润率低于工业部门，农业、工业部门劳动力要素也要参与利润的分割。因此式（2－13）可转化为：

$$\left[\frac{\partial F}{\partial Z}\frac{\partial Z}{\partial L_I}/\frac{\partial F}{\partial H}\frac{\partial H}{\partial L_a}\right]\frac{1+r_I}{1+r_a}=\frac{W'_I}{W'_a}, \quad r_a<r_I$$

其中，r_a 和 r_I 分别表示农业部门和工业部门的利润率。由于农业部门劳动力的边际产出低于工业部门，农业部门利润率低于工业部门，工业化会加大工农业部门的收入差距，进而扩大城乡收入差距。

四、实证研究

为了考察城镇化、工业化对城乡收入差距的影响及其区域效应，本书从全国和区域两个层面进行研究。我们将全国 31 个省市自治区分为三个地区，东部地区包括河北、北京、上海、辽宁、浙江、天津、江苏、福建、广东、海南、山东 11 个省级行政区；中部地区包括是山西、河南、黑龙江、吉林、江西、湖南、湖北、安徽 8 个省级行政区；西部地区包括云南、甘肃、青海、贵州、新疆、四川、内蒙古、西藏、重庆、宁夏、广西、陕西 12 个省级行政区。

（一）面板数据模型设定与数据来源

根据上文的论述，本书建立两个计量模型，分别从收入和消费两个视角、全国和地区两个层面来研究城镇化、工业化对城乡收入差距的影响。

$$GAPR_{it}=a_{it}+a_1URB_{it}+a_2IND_{it}+a_3FS_{it}+a_4MAK_{it}+a_5OPEN_{it}+\delta YEAR+\psi_{it} \quad (\text{I})$$

$$GAPC_{it} = B_{it} + B_1URB_{it} + B_2IND_{it} + B_3FS_{it} + B_4MAK_{it} + B_5OPEN_{it} + \tau YEAR + \zeta_{it} \quad (\text{Ⅱ})$$

其中，下标 i 和 t 分别表示省份和时间；ξ 和 ψ 表示随机误差项。

被解释变量。*GAPR* 表示城乡居民收入差距，等于城镇居民人均可支配收入与农村居民人均纯收入之比；*GAPC* 表示城乡居民消费水平差距，等于城乡居民人均消费支出比。

解释变量。*URB* 表示城镇化率，即非农业就业人口占总就业人口的比重；*IND* 表示工业化率，用第二和第三产业（非农业）的产值占 GDP 的比重来衡量。

控制变量。*FS* 表示财政支出水平，用各省份财政支出占 GDP 的比例衡量；*MAK* 表示市场化程度，用各省份非国有经济固定资产投资占总固定资产投资的比例来衡量；*OPEN* 表示经济开放程度，等于各省份按当年美元汇率折算的进出口贸易总额除以地区 GDP。最后一个变量 *YEAR* 是时间趋势项。

本书关于全国 31 个省市自治区的农村居民人均纯收入、城镇居民人均可支配收入、城镇居民人均年消费性支出、农村居民人均年生活消费支出、GDP、第二和第三产业的产值、总就业人口、非农业就业人口、财政支出、国有经济固定资产投资、总固定资产投资、进出口贸易总额、各年度美元汇率的数据均来源于《中国统计年鉴》（1998 ~ 2011 年）。由于 2006 年各省市自治区非农业就业人口、总就业人口的数据缺失，我们就以历年城镇化率的平均变化趋势来估计 2006 年的城镇化率。此外，由于《中国统计年鉴》中西藏城镇居民人均可支配收入的数据不全，我们就以《西藏统计年鉴》（2011）的数据为标准。因为重庆 1997 年以前的数据缺失，所有数据的时间跨度为 1997 ~ 2010 年。

（二）回归结果分析

我们采用固定效应的 OLS 法和 TSLS 法（工具变量为滞后一期的解释变量和控制变量）同时对模型Ⅰ和模型Ⅱ进行回归，估计结果见表 2 - 4 和表 2 - 5。两种估计方法都显示：从全国范围来看，城镇化具有缩小城乡居民收入差距和消费差距的作用，工业化则加剧了城乡居民收入差距和消费差距；分区域来看，西部地区城镇化缩小城乡收入差距和消费差距的效果最为突出，中部地区次之；东部、中部地区工业化加剧城乡居民收入差距和消费差距的效果比西部地区更为显著。比较模型Ⅰ和模型Ⅱ的回归结果，不难发现城镇化、工业化对城乡居民收入差距的影响小于其对城乡居民消费差距的影响。

财政支出水平，总体来说，具有缩小城乡居民收入差距和消费差距的作用，但存在区域差异，在中部地区，缩小城乡收入差距的效应不显著，对城乡居民消费差距的影响在东部和中部地区也不显著。分区域来看，除东部地区外（OLS法），市场化对城乡居民收入差距和城乡居民消费差距没有显著影响。经济开放程度的提高，总体来看，扩大了城乡收入差距，但在西部地区则缩小了城乡收入差距；从全国范围来看，经济开放程度提高扩大了城乡居民消费差距，但从各个地区来看，除东部和中部外（OLS法），经济开放程度对城乡居民消费差距没有显著影响。至于时间趋势项，全国、东部、中部、西部的估计结果表明，城乡居民收入差距都有随时间扩大的趋势；此外，全国、东部、西部面板数据的回归结果显示，城乡居民消费差距也有逐渐扩大趋势。

表2-4　　模型Ⅰ估计结果统计

变量	全国		东部		中部		西部	
	OLS	TSLS	OLS	TSLS	OLS	TSLS	OLS	TSLS
URB	-1.540578*	-2.606779*	-0.140356	-0.914016***	-1.989138*	-2.945970*	-3.679983*	-5.241857*
	(0.31136)	(0.48606)	(0.24538)	(0.50535)	(0.44258)	(0.78813)	(0.84423)	(1.17728)
IND	3.464511*	4.431145*	3.551981*	5.613258*	4.035776*	5.408016*	2.399678***	1.916848
	(0.58152)	(0.86875)	(0.78482)	(1.35280)	(0.80221)	(1.52074)	(1.26094)	(2.02577)
FS	-1.562755*	-2.206720*	-0.460632	-1.375325***	-1.850991	-2.304236	-1.314740*	-1.435045**
	(0.26742)	(0.40742)	(0.51881)	(0.80108)	(1.31922)	(2.55765)	(0.41787)	(0.70779)
MAK	0.227723	-0.270660	0.467131*	0.345103	0.251771	-0.388773	0.067789	-0.401734
	(0.16206)	(0.36012)	(0.13155)	(0.22854)	(0.19869)	(1.00439)	(0.43730)	(0.81358)
OPEN	0.261464*	0.371941*	0.206041*	0.270342*	1.735892**	3.243599***	-1.513934***	-2.811995***
	(0.09384)	(0.14065)	(0.04881)	(0.07775)	(0.66813)	(1.94457)	(0.80329)	(1.58708)

续表

变量	全国		东部		中部		西部	
	OLS	TSLS	OLS	TSLS	OLS	TSLS	OLS	TSLS
YEAR	0.043321* (0.00689)	0.064560* (0.01109)	0.018614* (0.00558)	0.022482* (0.00785)	0.041973* (0.01529)	0.055777*** (0.02877)	0.083423* (0.01945)	0.124168* (0.02817)
C	0.606209 (0.44567)	0.562729 (0.60863)	-1.151330*** (0.60997)	-2.349725** (0.92236)	-0.012166 (0.67852)	-0.497607 (1.08926)	3.085008* (0.95927)	4.235196* (1.532476)
obs	434	403	154	143	112	104	168	156
$A-R^2$	0.908381	0.898278	0.903298	0.882977	0.830922	0.766159	0.761601	0.729678
F-statistic	120.2526*	108.4387*	90.32352*	69.76717*	42.96168*	31.65419*	32.38271	29.97623*
LR	33.33353*	—	28.18118*	—	26.785251*	—	12.784868*	—
WALD-TEST	—	14.6753*	—	75.96870*	—	20.10403*	—	10.51222*

注：括号内为标准差，* 表示1%的水平上显著，** 表示5%的水平上显著，*** 表示10%的水平上显著。

表2-5　　　　模型Ⅱ估计结果统计

变量	全国		东部		中部		西部	
	OLS	TSLS	OLS	TSLS	OLS	TSLS	OLS	TSLS
URB	-3.663251* (0.50903)	-5.054548* (0.79184)	-2.086714* (0.43912)	-3.759551* (0.93507)	-2.612355* (0.56925)	-3.320000* (1.11793)	-6.971531* (1.42888)	-9.757338* (2.01550)
IND	3.704836* (0.95072)	4.254343* (1.41527)	3.852229* (1.40448)	8.454432* (2.50315)	6.310093* (1.03180)	9.349429* (2.15712)	4.042757*** (2.13416)	1.241655 (3.46811)
FS	-2.405254* (0.43720)	-1.802892* (0.66372)	-0.937142 (0.92845)	-2.207044 (1.48227)	-0.071624 (1.69677)	4.137290 (3.62794)	-1.789664** (0.70725)	0.254451 (1.21172)
MAK	-0.304690 (0.26496)	1.221531** (0.58667)	0.002646 (0.23542)	-0.556738 (0.42287)	0.007611 (0.25556)	-1.321322 (1.42470)	-0.816285 (0.74013)	-0.315830 (1.39285)
OPEN	0.327834** (0.15341)	0.471809** (0.22913)	0.14871*** (0.08734)	0.227384 (0.14386)	1.44448*** (0.85935)	1.789971 (2.75830)	0.241618 (1.35958)	-2.644824 (2.71707)
YEAR	0.041416* (0.01126)	0.064601* (0.01806)	0.02194** (0.00998)	0.032009** (0.01452)	-0.017762 (0.01967)	-0.034017 (0.04080)	0.074163** (0.03292)	0.101980** (0.04823)

续表

变量	全国		东部		中部		西部	
	OLS	TSLS	OLS	TSLS	OLS	TSLS	OLS	TSLS
C	2.070103* (0.72862)	2.548598** (0.99151)	0.501878 (1.09158)	-2.079367 (1.70669)	-1.119020 (0.87270)	-3.029231*** (1.54507)	3.553761** (1.62358)	6.382766** (2.62359)
obs	434	403	154	143	112	104	168	156
A-R^2	0.772981	0.748581	0.845739	0.810998	0.685490	0.489678	0.639844	0.586384
F-statistic	41.95350*	37.09557*	53.42677*	56.7431*	19.61003*	17.78243*	18.45224*	16.8960*
LR	18.523168*	—	48.69139*	—	18.542255*	—	13.344506*	—
WALD-TEST	—	23.21354*	—	8.812614*	—	14.43405*	—	11.87986*

注：括号内为标准差，* 表示1%的水平上显著，** 表示5%的水平上显著，*** 表示10%的水平上显著。

五、实证研究结果分析

（一）城镇化对城乡收入差距的影响

城镇化将农村过剩劳动力转移至城镇，一方面加剧城镇劳动力市场竞争，降低城镇劳动者工资收入，拓宽了农民的收入来源渠道，尤其是进城务工的工资性收入；另一方面，促进农业的规模化、产业化、集约化经营，带动农村产业结构优化升级，提高农业生产率。仔细分析农村居民收入来源结构及其变化（见表2-6），我们会发现，农村居民工资性收入增长迅速，从1997年的514.55元增加到2010年的2431.05元，其在农村居民人均纯收入的比重也由1997年的24.62%上升到2010年的41.07%，除2004年外，每年都上升；经营性收入增长缓慢，从1997年的1472.72元增加到2010年的2832.8元，其收入比重由1997年的70.46%下降到2010年的47.86%；财产性收入和转移性收入增长幅度也不大，财产性收入从23.61元增加到202.25元，收入比重上升了2.29%，转移性收入从79.25元增加到452.92，收入比重上升了3.86%。

表 2－6　　　　农村居民收入来源结构及其变化

年份	纯收入（元）	工资性收入			经营性收入			财产性收入			转移性收入		
		数额（元）	比重（%）	比重变化（%）	数额（元）	比重（%）	比重变化（%）	数额（元）	比重（%）	比重变化（%）	数额（元）	比重（%）	比重变化（%）
1997	2090. 13	514. 55	24. 62	—	1472. 72	70. 46	—	23. 61	1. 13	—	79. 25	3. 79	—
1998	2161. 98	573. 58	26. 53	1. 91	1466	67. 81	－2. 65	30. 37	1. 4	0. 27	92. 03	4. 26	0. 47
1999	2210. 34	630. 26	28. 51	1. 98	1448. 36	65. 53	－2. 28	31. 55	1. 43	0. 03	100. 17	4. 53	0. 27
2000	2253. 42	702. 30	31. 17	2. 66	1427. 27	63. 34	－2. 19	45. 04	2. 00	0. 57	78. 81	3. 5	－1. 03
2001	2366. 4	771. 90	32. 62	1. 45	1459. 63	61. 68	－1. 66	46. 97	1. 98	－0. 02	87. 90	3. 71	0. 21
2002	2475. 63	840. 22	33. 94	1. 32	1486. 54	60. 05	－1. 63	50. 68	2. 05	0. 07	98. 19	3. 97	0. 26
2003	2622. 24	918. 38	35. 02	1. 08	1541. 28	58. 78	－1. 27	65. 75	2. 51	0. 46	96. 83	3. 69	－0. 28
2004	2936. 4	998. 46	34. 0	－1. 02	1745. 79	59. 45	0. 67	76. 61	2. 61	0. 10	115. 54	3. 93	0. 24
2005	3254. 93	1174. 53	36. 08	2. 08	1844. 53	56. 67	－2. 78	88. 45	2. 72	0. 11	147. 42	4. 53	0. 60
2006	3587. 04	1374. 8	38. 32	2. 24	1930. 96	53. 83	－2. 84	100. 5	2. 8	0. 08	180. 78	5. 04	0. 51
2007	4140. 36	1596. 22	38. 55	0. 23	2193. 67	52. 98	－0. 85	128. 22	3. 1	0. 30	222. 25	5. 38	0. 34
2008	4760. 62	1853. 73	38. 94	0. 39	2435. 56	51. 16	－1. 82	148. 08	3. 11	0. 01	323. 24	6. 79	1. 41
2009	5153. 17	2061. 25	40. 0	1. 06	2526. 78	49. 03	－2. 13	167. 2	3. 24	0. 13	397. 95	7. 72	0. 93
2010	5919. 01	2431. 05	41. 07	1. 07	2832. 8	47. 86	－1. 17	202. 25	3. 42	0. 18	452. 92	7. 65	－0. 07

资料来源：根据《中国统计年鉴》（1998～2011 年）的数据整理。

为了考察城镇化对农村居民收入来源的影响，我们以工资性收入、经营性收入、财产性收入、转移性收入的比重为被解释变量，城镇化率为解释变量，时间趋势为控制变量，利用全国省级面板数据进行回归（见表 2－7），发现城镇化率对工资性收入比重的弹性系数为 0. 344987，经营性收入、财产性收入比重的弹性系数分别为－0. 086275、－0. 050499，且影响显著。这表明随着城镇化的发展，工资性收入的比重上升，经营性收入、财产性收入的比重下降。此外，从时间趋势变量来看，经营性收入比重有逐年下降的趋势，工资性收入、财产性收入、转移性收入的比重逐年上升。

表 2-7　农村居民各收入来源的比重与城镇化率的回归结果

因变量 / 自变量	工资性收入比重				经营性收入比重	财产性收入比重	转移性收入比重
	全国	东部	中部	西部			
C	0.153980 * (0.024359)	0.313795 * (0.050182)	0.116900 * (0.037158)	0.040085 * (0.029576)	0.754701 * (0.020785)	0.038437 * (0.007469)	-0.022861 (0.022294)
URB	0.344987 * (0.093244)	0.108346 (0.084930)	0.210015 ** (0.084569)	0.355500 * (0.086553)	-0.086275 *** (0.045628)	-0.050499 *** (0.028590)	-0.015493 (0.032320)
year	0.006774 * (0.000842)	0.007102 * (0.001303)	0.009414 * (0.001072)	0.007956 (0.001292)	-0.015461 * (0.000663)	0.002589 * (0.000258)	0.008053 * (0.001284)
URB (-1)	-0.108340 (0.084272)					-0.011448 (0.025839)	
AR (1)							0.828891 * (0.030402)
obs	403	154	112	168	433	403	403
A-R^2	0.954356	0.937826	0.929520	0.914456	0.965225	0.70099	0.855956
F-statistic	255.7050 *	193.3184 *	163.6563 *	138.3244	376.5753 *	29.55886	73.38801 *

注：括号内为标准差，* 表示 1% 的水平上显著，** 表示 5% 的水平上显著，*** 表示 10% 的水平上显著。

通过以上分析，可以判断城镇化主要是通过促进农民的非农就业、增加农户的工资性收入来缩小城乡收入差距，而转移农村过剩劳动力，促进农业的规模化、产业化、集约化经营，提高农业生产率，增加经营性收入来缓解城乡收入差距的效果并不理想。青壮年劳力进城务工，高素质人才转化为城镇人口，导致农业荒废，生产效率下降，这是经营性收入增长缓慢、经营性收入比重逐年下降的主要原因。

工资性收入比重与城镇化率的分区域面板数据的回归结果表明，城镇化促进西部、中部地区工资性收入比重上升的效果大于东部地区。这主要是中国人口流动模式的特殊性决定的，东部发达城市是农村劳动力外出务工的主要目的地，而中西部人口大省成为劳务主要输出地。这种特殊的人口流动模式会加剧东部劳动力市场竞争，抑制东部地区进城务工劳动力工资性收入的增速，提高中西部地区进城务工劳动力收入（中西部地区本地进城务工工资收入低）。

（二）工业化对城乡收入差距的影响

工业化扩大城乡收入差距的主要根源是工农业部门生产效率的差异。首先，农业具有内在脆弱性，自然资源环境恶劣、基础设施薄弱和从业者素质偏低；再加上工业部门的技术进步、制度变革都快于农业生产部门，资金、教育资源等生产要素禀赋优于农业部门，导致农业部门难以形成类似工业部门的聚集、规模经济效应，其产出效率低于工业部门。其次，我国就业结构转变滞后于产业结构转变。工业化发展提高了对从业者的素质要求，这对农村劳动力转移形成巨大冲击，我国农业产值的下降并没有带来农业就业比重的同步下降，导致农业劳动者收入水平低于城镇就业者的收入水平。最后，农产品的需求收入弹性较低且市场竞争程度高，流通渠道不通畅，而工业品的需求收入弹性较高，使得工农业产品价格剪刀差进一步扩大。正是由于上述原因导致我国工业、农业之间收入差距加剧。

从表 2－8 中行业工资收入的比较可以看出，农、林、牧、渔业工资收入最低，且增速缓慢，2003 年人均收入为 6884 元，2010 年增加到 16717 元；而信息传输、计算机服务、软件业与金融业是工资收入最高的两个行业，人均工资收入分别从 2003 年的 30897 元、20780 元上升到 2010 年的 64436 元、70146 元。2003～2010 年，金融业与农、林、牧、渔业收入比的平均值为 3.80，信息传输、计算机服务、软件业与农、林、牧、渔业收入比的平均值为 4.38。农村居民主要就职于农、林、牧、渔业，城镇居民多就职于工业、服务业。因此，从某种意义上说，城乡收入差距是农业与工业、服务业之间收入差距的另一种表现形式。

表 2－8　　2003～2010 年分行业平均工资收入比较

行业＼年份	2003	2004	2005	2006	2007	2008	2009	2010
农、林、牧、渔业	6884	7497	8207	9269	10847	12560	14356	16717
采矿业	13627	16774	20449	24125	28185	34233	38038	44196
制造业	12671	14251	15934	18225	21144	24404	26810	30916

续表

行业＼年份	2003	2004	2005	2006	2007	2008	2009	2010
电力、燃气及水的生产和供应业	18574	21543	24750	28424	33470	38515	41869	47309
建筑业	11328	12578	14112	16164	18482	21223	24161	27529
交通运输、仓储和邮政业	15753	18071	20911	24111	27903	32041	35315	40466
信息传输、计算机服务和软件业	30897	33449	38799	43435	47700	54906	58154	64436
批发和零售业	10894	13012	15256	17796	21074	25818	29139	33635
住宿和餐饮业	11198	12618	13876	15236	17046	19321	20860	23382
金融业	20780	24299	29229	35495	44011	53897	60398	70146
房地产业	17085	18467	20253	22238	26085	30118	32242	35870
租赁和商务服务业	17020	18723	21233	24510	27807	32915	35494	39566
科学研究、技术服务和地质勘查业	20442	23351	27155	31644	38432	45512	50143	56376
水利、环境和公共设施管理业	11774	12884	14322	15630	18383	21103	23159	25544
居民服务和其他服务业	12665	13680	15747	18030	20370	22858	25172	28206
教育	14189	16085	18259	20918	25908	29831	34543	38968
卫生、社会保障和社会福利业	16185	18386	20808	23590	27892	32185	35662	40232
文化、体育和娱乐业	17098	20522	22670	25847	30430	34158	37755	41428
公共管理和社会组织	15355	17372	20234	22546	27731	32296	35326	38242
金融业与农、林、牧、渔业收入比	3.02	3.24	3.56	3.83	4.06	4.29	4.21	4.20
信息传输、计算机服务、软件业与农、林、牧、渔业收入比	4.49	4.46	4.73	4.69	4.40	4.37	4.05	3.85

资料来源：根据《中国统计年鉴》（1998～2011年）的数据整理。

六、结论

我国在城镇化、工业化建设过程中应充分发挥其促进农民增收、缩小城乡差距的积极效应。首先，要改革城乡分割的户籍制度、就业制度、社会保障和教育制度，逐渐消除城乡差别，加快农村剩余劳动力转移，为农业适度规模经营和提高农业剩余劳动生产力创造条件；打破收入分配不平等的制度约束，提高农民非农收入，在此基础上逐步形成公平合理的城乡收入分配格局，使城乡居民共享经济发展的成果。其次，大力发展乡镇企业，进一步拓宽农民的非农就业渠道，以乡镇企业引领农村经济发展，带动农业产业结构优化升级。再次，彻底改变工农业产品价格“剪刀差”的现象，增加对农产品的需求，尤其是商业性农产品和深加工型农产品的需求，加快农产品流通体系建设，培育流通主体，提高流通组织化水平，完善农产品批发市场体系，提升综合服务功能。最后，构建起工业反哺农业、城市带动农村的长效机制，改革收入分配制度、利用税收杠杆调节行业间的收入差距。

第三节　城镇化、工业化与城乡收入差距——基于东部、中部、西部地区的比较分析[①]

一、文献综述

随着城镇化与工业化进程的推进，我国经济获得较快发展，居民收入水平大幅度提升，但收入分配严重失衡，地区差距、行业差距、城乡

① 原文发表于《广东商学院学报》2013 年第 4 期，30—37 页，原名为《城镇化、工业化与城乡收入差距的实证分析》。

差距日益扩大。其中，城乡居民收入差距是当前中国经济亟待解决的问题。2003～2010年，全国城乡居民人均收入分配差距一直保持在3.2倍以上，其中贵州和云南城乡居民人均收入分配差距都超过了4倍[①]。对于发展中国家而言，城乡收入差距通常与二元经济结构及其转变有关，而经济社会从二元结构逐渐过渡到城乡融合的过程实际上就是经历城镇化和工业化过程。因此，不少学者对城镇化、工业化与城乡收入差距的关系进行了深入研究。

（一）关于城镇化对城乡收入差距的影响，研究文献较多

潘文轩（2010）通过对城乡居民收入差距趋于扩大的现象进行理论研究与实证分析，得出城镇化对农民人均收入水平的提高具有正效应，缩小了城乡居民收入差距的结论。曹裕等（2010）基于1987～2006年省级面板数据进行研究，发现我国的城镇化水平、城乡差距与经济增长之间存在长期稳定的面板协整关系，总体来看，城镇化缩小城乡收入差距的作用显著。毛其淋（2011）在分析了城镇化、经济开放水平对城乡收入差距的影响机制后，采用系统广义矩方法对我国1995～2008年的省际面板数据进行实证分析，结果显示城镇化水平是缩小我国城乡收入差距的重要因素。相反，也有学者认为城镇化扩大了城乡收入差距。程开明和李金昌（2007）根据1978～2004年的时序数据，以城镇化、城市偏向与城乡收入差距的相互作用机制为理论基础，对三者之间的动态关系进行计量分析，发现城镇化与城市偏向是造成城乡收入差距扩大的原因，对城乡差距扩大产生正向冲击；陈晓毅（2010）运用结构向量自回归（SVAR）模型方法，对城镇化、工业化与城乡收入差距的关系进行实证分析，结果表明城镇化的发展在短期内扩大了城乡收入差距，但从长期来看这种不利影响将逐步消失。此外，也有研究表明城镇化的推进对城乡居民收入差距的变动没有影响（卢小祁和匡小平，2011）。

---

① 数据来源：根据《中国统计年鉴》（2004～2011年）的数据整理。

（二）关于工业化对城乡收入差距的影响研究

因研究者采用的研究方法、视角、样本数据不同，得出的研究结论也大不相同。张启良等（2010）通过建立多元回归模型，研究了工业化、城市化、投资、财政支出、经济增长等因素与城乡收入差距的关系，发现工业化扩大了城乡收入差距。王宏利（2011）也指出，在城市化滞后的情况下，投资与出口导向型的重工业化拉大了收入分配差距和城乡收入差距。与上述研究结论不同，贺建清（2012）通过构建计量模型，借助协整检验、误差修正模型、格兰杰检验等方法，研究了城镇化、工业化对城乡收入差距的影响，发现工业化在短期内扩大了城乡收入差距，但从长期来看工业化具有缩小城乡收入差距的作用；卢小祁和匡小平（2011）以1990～2009年中部欠发达城市南昌的样本数据为例，对城乡收入差距与工业化、城镇化、经济增长之间的相关关系进行了深入探究，发现工业化与城乡收入差距之间并不存在长期稳定的均衡关系。

上述研究将城镇化、工业化与城乡收入差距的关系分别进行考察的较多，而将二者结合进行全面系统探讨的较少，主要以时间序列数据为主，以面板数据进行研究的不多，且多数研究是从收入的视角出发，没有研究城镇化、工业化对城乡消费差距的影响。鉴于此，本书根据1997～2010年的省级面板数据，从全国和地区两个层面、收入和消费支出两种视角，研究城镇化、工业化对城乡差距的影响。

二、变量选取和数据来源

（一）变量选取

1. 被解释变量：城乡收入差距。关于城乡收入差距的度量指标主要有四种：一是城乡居民消费支出比和城乡消费水平比，如程开明等（2007）；二是城镇居民人均可支配收入与农村居民人均纯收入之比，如魏浩等（2011）、吴先华（2011）；三是基尼系数，如王小鲁和樊纲（2005）；四是泰尔指数，如贺建清（2012）、毛其淋（2011）。其中，基尼系数和泰尔指数都是从收入的角度测量城乡差距。为了全面反映城乡收入差距，本书从收入和消费支出两个角度，即采用城镇居民人均可支配收入与农村居民人均纯收入之比和城乡居民人均消费支出比两种指标来度量城乡居民收入差距，分别用 RGAPG 和 CGAP 表示。

2. 解释变量。

(1) 城镇化率。目前，学术界主要有两种方法测量城镇化率(URB)：一是用非农业就业人口占总就业人口的比重来度量，即就业城镇化率，如郭军华（2009）、潘文轩（2010）；二是用城镇人口占总人口的比重来度量，即人口城镇化率，如王贝（2011）、朱孔来等（2011）。本书采用第一种方法，即以非农业就业人口占总就业人口的比重来度量城镇化率。

(2) 工业化率。本书采用与多数文献相一致的指标，即用第二和第三产业（非农业）增加值占 GDP 的比重来衡量工业化率，用 IND 表示。

3. 控制变量：地方政府经济行为。不少学者认为地方政府城镇偏向的各项政策会加剧城乡收入差距，故本书以地方政府的经济行为作为控制变量。地方政府对经济的干预以及对社会资源流向的引导主要是通过财政支出总量的变化和支出结构的变化来实现的。所以我们用地方财政支出占地方 GDP 的比重作为地方政府经济行为的衡量指标，用 GEH 表示。

（二）数据来源

本书主要数据均来源于《中国统计年鉴》（1998～2011 年），西藏城镇居民人均可支配收入的数据来源于《西藏统计年鉴（2011）》。此外，由于 2006 年各省市自治区总就业人口、非农业就业人口的数据缺失，以历年城镇化率的平均变化趋势来估计 2006 年的城镇化率。重庆市以 1997～2010 年为时间段。

三、实证检验

为了考察城镇化、工业化影响城乡收入差距的区域效应，本书从全国和区域两个层面进行研究。我们按照国家统计局公布的统计口径，将全国划分为东、中、西部三个区域①。

（一）面板数据模型设定

基于上文的论述，我们建立两个计量模型，分别从收入和消费两个视角、全国和地区两个层面来研究城镇化、工业化对城乡差距的影响。

$$RGAP_{it} = a_{it} + a_1 UR_{it} + a_2 IND_{it} + \lambda GEH_{it} + \psi_{it} \quad (\text{I})$$

$$CGAP_{it} = B_{it} + B_1 UR_{it} + B_2 IND_{it} + \gamma GEH_{it} + \xi_{it} \quad (\text{II})$$

其中，$RGAP$ 表示城乡居民收入差距；$CGAP$ 表示城乡居民消费水平差距；UR 表示城镇化率；IND 表示工业化率；GEH 表示控制变量地方政府经济行为；i 和 t 分别表示省份和时间；ξ 和 ψ 表示随机误差项。

在进行实证研究之前要确定模型的形式。本书借助 F 检验来判断是选择个体固定效应回归模型、随机效应回归模型，还是混合效应回归模型。其中原假设为，真实模型是无个体固定效应回归模型；备择假设为，真实模型是个体固定效应回归模型。F 统计量的计算公式如下：

$$F = \frac{(RSS_R - RSS_U)\ /\ (N-1)}{RSS_U /\ (NT - N - K)} \sim F\ (N-1,\ NT-N-K) \quad (2-16)$$

式（2－16）中，RSS_U 表示含有个体固定影响回归模型的残差平方和，RSS_R 表示不含个体固定影响回归模型的残差平方和。由此计算出模型Ⅰ和模型Ⅱ的 F 统计量如表 2－9 所示。

表 2－9　　F 统计量

模型Ⅰ				模型Ⅱ			
区域	RSS_R	RSS_U	F	区域	RSS_R	RSS_U	F
全国	85.09700	20.83574	41.12	全国	129.8519	47.58832	23.05
东部	13.70571	2.193432	73.48	东部	25.33285	4.711344	61.28
中部	10.32690	2.672487	41.33	中部	8.898042	3.497888	22.28
西部	30.66635	13.62285	17.17	西部	78.38427	35.39961	16.67

① 东部地区包括 11 个省级行政区，分别是北京、河北、辽宁、天津、上海、浙江、福建、江苏、广东、山东、海南；中部地区包括 8 个省级行政区，分别是安徽、江西、黑龙江、吉林、山西、河南、湖南、湖北；西部地区包括 12 个省级行政区，分别是贵州、四川、西藏、重庆、云南、甘肃、陕西、青海、新疆、宁夏、内蒙古、广西。

从检验结果可知，无论是模型Ⅰ，还是模型Ⅱ，对于全国、东部、中部、西部而言，其F统计量均大于5%的显著性水平下的临界值，拒绝原假设。因此都应选择个体固定效应回归模型。

（二）面板数据的单位根检验和协整检验

1. 单位根检验。在对面板数据模型回归分析之前，需进行单位根检验和协整检验，以避免出现伪回归现象。本书采用LLC和Fisher－PP两种方法同时检验各个变量的稳定性。从检验结果（见表2－10）可以看出，在10%的显著性水平下，无论是全国数据，还是分区域数据，变量城乡收入差距、城镇化率、工业化率、地方政府经济行为、城乡消费差距的水平值都含有单位根，是非平稳的，而其一阶差分变量在5%的显著性水平下均不存在单位根，故这五个变量都是一阶单整的。

表2－10　　面板单位根检验结果

变量	全国		东部		中部		西部		结论
	LLC	PP	LLC	PP	LLC	PP	LLC	PP	
RGAP	1.43268	14.7789	0.63541	10.3914	1.03961	0.49985	0.85287	3.88760	否
	(0.9240)	(1.0000)	(0.7374)	(0.9824)	(0.8507)	(1.0000)	(0.8031)	(1.0000)	
△RGAP	－16.5149	313.560	－5.59045	36.2876	－3.30659	40.0822	－5.44441	60.0478	是
	(0.0000)	(0.0000)	(0.0000)	(0.0283)	(0.0005)	(0.0008)	(0.0000)	(0.0001)	
UR	3.67078	13.5201	0.62407	3.11010	4.63206	9.56743	1.63034	0.84252	否
	(0.9999)	(1.0000)	(0.7337)	(1.0000)	(1.0000)	(0.8882)	(0.9485)	(1.0000)	
△UR	－12.7449	223.090	－6.44870	72.4671	－7.59671	65.3296	－8.15403	85.2936	是
	(0.0000)	(0.0000)	(0.0000)	(0.0000)	(0.0000)	(0.0000)	(0.0000)	(0.0000)	
IND	12.0983	0.66045	0.22150	5.83498	7.67391	0.36685	12.2780	0.23244	否
	(1.0000)	(1.0000)	(0.5876)	(0.9998)	(1.0000)	(1.0000)	(1.0000)	(1.0000)	
△IND	－13.8731	288.061	－5.82412	57.1658	－7.86648	81.2885	－8.55618	83.9047	是
	(0.0000)	(0.0000)	(0.0000)	(0.0001)	(0.0000)	(0.0000)	(0.0000)	(0.0000)	
GEH	－0.19720	32.6225	0.40719	9.73186	－0.03916	5.25511	－1.07071	17.6355	否
	(0.4218)	(0.9992)	(0.6581)	(0.9886)	(0.4844)	(0.9943)	(0.1422)	(0.8203)	

续表

变量	全国		东部		中部		西部		结论
	LLC	PP	LLC	PP	LLC	PP	LLC	PP	
△GEH	-12.8793	212.877	-7.51459	61.5472	-8.24558	67.6265	-6.97957	83.7037	是
	(0.0000)	(0.0000)	(0.0000)	(0.0000)	(0.0000)	(0.0000)	(0.0000)	(0.0000)	
CGAP	1.53436	21.9588	1.40292	6.90222	1.02329	3.84332	0.04060	11.2133	否
	(0.9375)	(1.0000)	(0.9197)	(0.9991)	(0.8469)	(0.9991)	(0.5162)	(0.9874)	
△CGAP	-13.8416	186.053	-10.6911	88.9450	-5.83517	40.7625	-7.19509	59.8085	是
	0.0000	(0.0000)	(0.0000)	(0.0000)	(0.0000)	(0.0000)	(0.0000)	(0.0001)	

注：滞后项的选择采用施瓦茨（Schwarz）信息最小化准则确定。

2. 协整检验。由于上述五个变量都是同阶单整序列，因此可以进行面板协整检验。我们利用 Kao 检验对上述两个计量模型分别进行协整检验。Kao 检验结果（见表 2 - 11）显示，两组变量 RGAP、UR、IND、GEH 和 CGAP、UR、IND、GEH，无论是对于全国数据还是分区域数据而言，在 10% 的显著性水平下，都存在长期的均衡关系。

表 2 - 11　Kao 检验结果

		检验假设	统计量名	统计量值	概率
RGAP、UR、IND 与 GEH	全国	H_0：不存在协整关系（$\rho=1$）	ADF	-3.479075	0.0003
	东部			-3.003031	0.0013
	中部			-1.408422	0.0795
	西部			-2.322160	0.0101
CGAP、UR、IND 与 GEH	全国			-3.887629	0.0001
	东部			-1.626658	0.0519
	中部			-2.678087	0.0037
	西部			-2.678087	0.0037

（三）多重共线性检验

我们对模型是否存在共线性进行检验。从表 2 - 12 的检验结果来看，模型Ⅰ和模型Ⅱ随着解释变量的增加，拟合优度逐步提高，且各解释变量的系数通过了显著性检验。这表明，模型Ⅰ和模型Ⅱ并不存在多重共线性。

表 2－12　　多重共线性检验

模型Ⅰ　多重共线性检验					
变量	C	UR	IND	GEH	A－R^2
RGAP＝f（UR）	1.756261* (0.117538)	2.217833* (0.216057)			0.849901
RGAP＝f（UR，IND）	－0.465270 (0.349740)	2.451685* (0.626771)	4.162824* (0.552108)		0.887965
RGAP ＝f（UR，IND，GEH）	－1.203614* (0.380414)	2.542313* (0.612100)	5.177293* (0.586177)	－1.282447* (0.291618)	0.893270
模型Ⅱ　多重共线性检验					
变量	C	UR	IND	GEH	A－R^2
CGAP ＝f（UR）	3.578241* (0.162526)	－1.000625* (0.298752)			0.733947
CGAP ＝f（UR，IND）	1.535296* (0.445364)	－2.729776 (0.456737)	3.525056* (0.718446)		0.748389
CGAP ＝f（UR，IND，GEH）	0.201076 (0.512121)	－2.472478* (0.447363)	5.393844* (0.796688)	－2.159313* (0.442080)	0.761957

注：*表示1%的水平上显著，模型 RGAP＝f（UR，IND）和 RGAP ＝f（UR，IND，GEH）均加入了滞后项 UR（－1）。

（四）回归结果分析

1. 全国面板数据分析。根据全国、东部、中部、西部的面板数据对模型Ⅰ和模型Ⅱ分别进行回归，其中模型Ⅰ采用 GLS 法，模型Ⅱ采用 OLS 法，估计结果见表 2－13 和表 2－14。全国 31 个省市自治区面板数据的估计结果显示，城镇化对缩小城乡收入差距具有显著的作用，模型Ⅰ和模型Ⅱ的弹性系数分别为－1.215 和－2.472，表明城镇化率每提高1%，城乡收入差距和消费水平差距将缩小 1.215% 和 2.472%。工业化则扩大了城乡收入差距，模型Ⅰ和模型Ⅱ的弹性系数分别为 1.604 和

5.394，即工业化率每提高1%，城乡收入差距和消费水平差距将扩大1.604%和5.394%。而地方政府经济行为对城乡收入差距与消费水平差距的影响并不一致，前者弹性系数为0.843，后者弹性系数为-2.159，这表明地方政府经济行为拉大了城乡居民收入差距，但缩小了城乡居民消费差距。

表2-13 模型I估计结果统计

自变量	全国	东部	中部	西部
C	2.186* (0.619)	-0.509 (0.904)	1.773*** (0.992)	2.831** (1.134)
UR	-1.215* (0.446)	0.461*** (0.248)	-1.705*** (0.873)	-3.671* (1.067)
IND	1.604** (0.721)	3.005* (1.034)	2.170** (1.081)	3.166** (1.433)
GEH	0.843* (0.217)	0.407 (0.654)	0.782 (1.127)	0.0796 (0.306)
AR（1）	0.771* (0.059)	0.780* (0.049)	0.587* (0.122)	0.870* (0.083)
AR（2）	0.147827** (0.072)		0.185902 (0.138)	-0.094944 (0.086)
AR（3）	-0.010 (0.067)		0.063 (0.140)	
AR（4）	-0.205* (0.050)		-0.238** (0.104)	
观察值个数	310	143	80	144
R^2	0.977	0.948	0.898	0.935
F-statistic	317.244	165.118	41.065	113.253
Prob（F-statistic）	0.000	0.000	0.000	0.000

注：括号内为标准差，*表示1%的水平上显著，**表示5%的水平上显著，***表示10%的水平上显著。下表同。

表 2－14　　　　模型Ⅱ估计结果统计

自变量	全国	东部	中部	西部
C	0.201 (0.512)	－1.093 (0.862)	－0.514 (0.591)	1.197 (0.907)
UR	－2.472* (0.447)	－1.564* (0.420)	－2.776* (0.536)	－5.184* (1.153)
IND	5.393* (0.797)	5.384* (1.254)	5.7817* (0.850)	6.155* (1.555)
GEH	－2.159* (0.442)	0.287 (0.867)	－0.621 (1.002)	－1.559** (0.704)
观察值个数	434	154	112	168
R^2	0.780	0.851	0.713	0.663
F－statistic	43.000	61.481	25.121	21.57
Prob（F－statistic）	0.000	0.000	0.000	0.0000

2. 分地区比较分析。表 2－13 和表 2－14 的回归结果显示，无论是从收入还是从消费支出的视角分析，城镇化缩小城乡差距的效果西部地区最大，中部次之；在模型Ⅰ中，东部、中部、西部的弹性系数分别为 0.461320、－1.705447、－3.671273；在模型Ⅱ中，东部、中部、西部的弹性系数分别－1.563757、－2.775668、－5.184368。比较模型Ⅰ和模型Ⅱ的回归结果，不难发现，东部地区城镇化对城乡差距的影响并不一致，从居民消费水平来看，城镇化缩小了城乡差距，但从居民收入来看，城镇化反而加大了城乡差距。西部地区工业化对城乡收入差距的拉动作用明显大于中部和东部地区；在模型Ⅰ中，东部、中部、西部的弹性系数分别为 3.004597、2.169875、3.166166，在模型Ⅱ中，东部、中部、西部的弹性系数分别 5.384964、5.781686、6.155094。无论是东部、中部还是西部地区，地方政府经济行为对城乡收入差距并未有显著影响，但在西部地区地方政府经济行为缩小了城乡消费差距。

3. 从收入和消费视角比较分析。全国、东部、中部、西部的回归结果都表明：城镇化缩小城乡收入差距的效果要小于其对城乡消费差距的影响，模型Ⅰ中，全国、东部、中部、西部城镇化率的弹性系数分别为－1.214735、0.461320、－1.705447、－3.671273，其绝对值均小于模型

Ⅱ中相对应城镇化率的弹性系数；工业化加大城乡消费差距的效果要大于其对城乡收入差距的影响，模型Ⅱ中，全国、东部、中部、西部工业化的弹性系数分别为5.393844、5.384964、5.781686、6.155094，均大于模型Ⅰ中相对应工业化率的弹性系数。控制变量地方政府经济行为，就全国层面来说，具有加剧城乡收入差距和缩小城乡消费差距的作用，但对东部、中部地区没有显著影响，而对西部地区具有缓解城乡居民消费差距的效果。

（五）固定效应检验

我们借助似然比（LR）对回归结果进行固定效应检验。似然比检验的原假设为模型不存在个体固定效应，检验结果见表2-15。从中可以看出，在5%的显著性水平下，无论是模型Ⅰ，还是模型Ⅱ，对于全国、东部、中部、西部而言，其F值和Chi-square统计量均大于相应的临界值，拒绝原假设，因此表明选择个体固定效应回归模型是合理的。

表2-15　　固定效应检验

模型Ⅰ							
区域	统计量	统计值	概率	区域	统计量	统计值	概率
全国	Cross-section F	2.944315	0.0000	中部	Cross-section F	5.628235	0.0000
	Cross-section Chi-square	87.177167	0.0000		Cross-section Chi-square	37.905589	0.0000
东部	Cross-section F	2.627474	0.0061	西部	Cross-section F	1.954441	0.0383
	Cross-section Chi-square	26.698786	0.0029		Cross-section Chi-square	22.520177	0.0206
模型Ⅱ							
区域	统计量	统计值	概率	区域	统计量	统计值	概率
全国	Cross-section F	18.919874	0.0000	中部	Cross-section F	22.077458	0.0000
	Cross-section Chi-square	383.374047	0.0000		Cross-section Chi-square	103.965912	0.0000
东部	Cross-section F	54.672226	0.0000	西部	Cross-section F	12.844261	0.0000
	Cross-section Chi-square	244.904277	0.0000		Cross-section Chi-square	109.891677	0.0000

四、实证检验结果分析

（一）城镇化对城乡收入差距的影响

城乡收入差距与城镇化之间存在长期均衡关系，无论是从收入还是消费支出角度、从全国层面还是区域层面（除东部地区外），城镇化都具有缩小城乡差距的作用，而在西部地区这种作用尤为突出。城镇化主要是通过两种途径缩小城乡差距：一是通过转移农村中的过剩劳动力，促进农业的产业化、规模化、集约化经营，优化农村产业结构，提高农业生产率。二是农村劳动力转移到城镇，加剧了城镇劳动力市场竞争，降低了城镇居民的工资收入；而农村剩余劳动力减少将导致留守农村的农民劳动报酬提高，同时，进城务工农民的增加使得工资性收入已成为农村家庭的主要收入来源（见图2-6）。西部地区城镇化缩小城乡差距的效果明显大于东部和中部。这是因为东部和中部的城镇化率高于西部地区，农业的产业化、规模化经营程度高于西部，而规模报酬递减规律使得西部地区农业产业化、规模化经营的效果更加显著。此外，劳动力要素报酬递减规律也使得城镇化率高的东部、中部地区的农民转移到城镇就业的相对工资增长速度慢于西部。正是由于规模报酬递减规律和劳动力要素报酬递减规律的合力作用导致西部地区城镇化缩小城乡差距的效果比中部和东部地区更为显著。

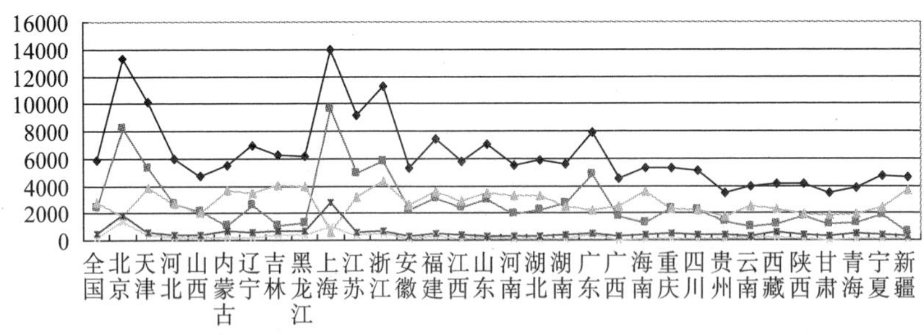

图2-6　2010年全国和31个省市自治区农村居民人均纯收入来源结构

资料来源：《中国统计年鉴（2011）》。

（二）工业化对城乡收入差距的影响

无论是从全国还是地区层面来看，工业化都具有扩大城乡收入差距和消费差距的作用，而这种扩大收入差距的作用在西部地区更加突出。工业化导致城乡收入差距扩大的原因主要有三点：一是工农业相对生产率的差异。工业部门的制度变革、技术进步与创新一般都要快于农业生产部门；此外，农业部门难以形成类似城市工业的经济聚集效应，减弱收益递减规律的作用，从而导致农业部门的劳动生产率与劳动者收入水平均低于工业部门。二是工农业产品价格剪刀差。与农产品相比，工业产品市场竞争程度低且其需求收入弹性较高，因此，随着工业化进程的推进以及居民收入水平的提高，农产品贸易条件会不断恶化，进而加剧城乡收入差距。三是工农业间社会经济资源的非均衡配置。地方政府偏向城市工业的政策以及工农业部门生产效率、投资与就业机会的差异将导致劳动力、技术、资金、教育资源都集聚于工业部门，拉大城乡收入差距。西部地区工业化加剧城乡收入差距的效果大于中部、东部地区，主要原因是东部、中部地区工业化水平高，边际生产率递减规律和要素边际报酬递减规律导致西部地区工业化的边际产出高于中部、东部地区。

（三）地方政府经济行为对城乡收入差距的影响

从各个地区层面来看，地方政府经济行为对城乡收入差距的影响并不显著，仅对西部地区城乡消费差距具有减缓作用，但从全国层面来看，地方政府经济行为具有拉大城乡收入差距和缩小城乡消费差距的效应。地方政府经济行为对城乡收入差距的影响较为复杂。地方政府偏向城市、干预经济运行的各种就业、户籍、财政支出、教育、医疗卫生等政策，一方面制约了工业化和城镇化促进农民增收的积极效应，另一方面又放大了其加剧城乡收入分配失衡的消极效应，从而使我国城乡收入差距进一步扩大。但近年来政府推出的家电下乡补贴政策让农民获得了较多实惠，此外，农村医疗、养老保障政策的实施也增加了农民的实际收入，大大提升了其消费购买能力。正是由于这两方面的原因，导致地方政府经济行为对城乡收入差距和消费差距的影响不一致，对前者是加剧作用，对后者则具有缩小作用。

五、结语

目前，我国城镇化与工业化建设取得良好的经济效益，但也要兼顾公平，充分发挥城镇化、工业化促进农民增收、缩小城乡差距的积极效应，逐步消除就业、户籍、医疗、养老、教育制度中的城乡差别，引导社会经济资源在城乡间合理配置，落实“工业反哺农业”的战略部署，优化城乡产业结构，实现农村劳动力的有效转移和集聚，发挥城市经济对农村的辐射带动作用，统筹城乡协调发展。

第三章

旅游业发展对城乡收入差距的影响

第一节　国内旅游发展与城乡收入差距——基于误差纠正模型的分析

一、文献综述

国内外学者对旅游业发展与城乡收入的关系进行了深入分析，因研究视角、方法以及数据来源的差异，导致研究结论也不尽相同。Paniagua（2002）以西班牙旅游发展为例，发现有些城市居民从事乡村旅游企业经营，带动了乡村旅游发展，导致了城乡差距的缩小。李如友（2016）发现，旅游发展影响城乡收入差距的效果在不同时期的表现迥异；2000～2005年，旅游发展对缩小城乡收入差距的影响不明显，2006～2014年，旅游发展能够有效缩小城乡收入差距。赵宏中、雷春燕（2019）的研究表明，中国旅游发展能够显著缩小城乡收入差距，但城市化发展水平的高低会对城乡收入差距产生不同影响；从区域角度看，旅游发展、城市化对城乡收入差距产生的影响具有明显的地域差异性。王明康、刘彦平（2019）认为，中国旅游产业集聚能够显著促进城乡收入差距的缩小，而城镇化从总体上抑制了旅游产业集聚的城乡收入差距缩减效应；城镇化对旅游产业集聚影响城乡收入差距的调节作用同样呈现出不同的时空格局。贺建清（2019）构建空间计量模型来考察经济开放、国际旅游发展对城乡收入差距的影响，其发现经济开放、国际旅游发展减缓城乡收入差距与消费差距的效果明显，且二者对收入差距、消费差距的偏效应显著。夏赞才等（2016）的研究得出了旅游经济增长空间变异与城乡收入差距空间变异之间存在单向因果关系的结论。侯冠平等（2013）的实证检验结果表明，海南省旅游业的发展可以减缓城乡收入差距。刘芳（2012）通过实证研究得出，旅游业发展导致城乡收入差距日益扩大的结论。马兴超等（2017）从微观视角论证了旅游发展显著降低了城乡收入差距。

上述研究从不视角对旅游业发展与城乡收入差距的关系进行了探讨，为本书的研究夯实了基础。本书借助误差纠正模型对旅游业发展与城乡收入差距的长期短期均衡关系进行实证分析。

二、国内旅游发展现状

国内旅游发展迅速（见表 3－1），1994 年国内游客数量为 52400 万人次，2018 年国内游客达到 553900 万人次，年均上涨率为 39.9%，除了 2003 年比 2002 年下降了 800 万人次外，其他年份国内游客数量都是上涨。农村居民旅游人次由 1994 年的 31900 万人次增长到 2018 年的 142000 万人次，年均增长率为 14.4%；城镇居民旅游人次增长更快，由 1994 年的 20500 万人次上升到 2018 年 441900 万人次，年均上涨率为 79.6%；1994～2009 年，城镇居民旅游人次少于农村居民旅游人次，2010 年后城镇居民旅游人次大于农村居民旅游人次。从旅游总花费来看，1994 年旅游总花费为 1023.5 亿元，2018 年旅游总花费 51278.3 亿元，年均增长 204.6%；除了 2003 年比 2002 年下降了 436.1 亿元外，其他年份旅游总花费都是增加；城镇居民旅游总花费由 1994 年的 848.2 亿元上升到 2018 年的 42590.0 亿元，年均上涨率为 205.0%，农村居民旅游总花费由 1994 年的 175.3 亿元上升到 2018 年的 8688.3 亿元，年均上涨率为 202.3%。

表 3－1　　1994～2018 年国内旅游发展状况

年份	国内游客（百万人次）	城镇居民	农村居民	旅游总花费（亿元）	城镇居民	农村居民
1994	524	205	319	1023.5	848.2	175.3
1995	629	246	383	1375.7	1140.1	235.6
1996	640	256	383	1638.4	1368.4	270
1997	644	644	259	2112.7	2112.7	1551.8
1998	695	250	445	2391.2	1515.1	876.1
1999	719	284	435	2831.9	1748.2	1083.7
2000	744	744	329	3175.5	3175.5	2235.3
2001	784	375	409	3522.4	2651.7	870.7
2002	878	385	493	3878.4	2848.1	1030.3

续表

年份	国内游客（百万人次）	城镇居民	农村居民	旅游总花费（亿元）	城镇居民	农村居民
2003	870	351	519	3442.3	2404.1	1038.2
2004	1102	459	643	4710.7	3359.0	1351.7
2005	1212	496	716	5285.9	3656.1	1629.1
2006	1394	576	818	6229.7	4414.7	1815.0
2007	1610	612	998	7770.6	5550.4	2220.2
2008	1712	703	1009	8749.3	5971.7	2777.6
2009	1902	903	999	10183.7	7233.8	2949.9
2010	2103	1065	1038	12579.8	9403.8	3176.0
2011	2641	1687	954	19305.4	14808.6	4496.8
2012	2957	1933	1024	22706.2	17678.0	5028.2
2013	3262	2186	1076	26276.1	20692.6	5583.5
2014	3611	2483	1128	30311.9	24219.8	6092.1
2015	4000	2802	1188	34195.1	27610.9	6584.2
2016	4440	3195	1240	39390.0	32241.3	7147.8
2017	5001	3677	1324	45660.8	37673.0	7987.7
2018	5539	4119	1420	51278.3	42590.0	8688.3

资料来源：《中国统计年鉴》（1999～2019年）。

三、变量选取、数据来源与模型构建

（一）变量选取

1. 被解释变量。城乡收入差距。本书选择城乡居民收入比（GAPR）作为衡量我国城乡收入差距的指标。其计算公式为：

$$城乡居民收入比 = \frac{城镇居民人均可支配收入}{农村居民人均纯收入} \quad (3-1)$$

2. 解释变量。国内旅游发展指标，衡量国内旅游发展的指标主要有两种：

一是国内旅游人次，采用旅游人次增长率（TRN）表示，其计算公式如下：

$$国内旅游人次增长率 = \frac{本期国内旅游人次 - 上期国内旅游人次}{上期国内旅游人次} \quad (3-2)$$

二是国内旅游收入，由于《中国统计年鉴》没有完整的相关数据，故以国内旅游消费支出来衡量，采用国内旅游总花费增长率（TRC）表示，其计算公式如式（3－3）所示：

$$国内旅游总花费增长率 = \frac{本期国内旅游总花费 - 上期国内旅游总花费}{上期国内旅游总花费} \quad (3-3)$$

3. 控制变量。经济增长，我们采用国内 GDP 的增长率来衡量，其计算公式为：

$$国内\ GDP\ 增长率 = \frac{本期国内\ GDP - 上期国内\ GDP}{上期国内\ GDP} \quad (3-4)$$

（二）数据来源

本书城镇居民人均可支配收入、农村居民人均纯收入、国内旅游人次、国内旅游总花费、国内 GDP 数据均来源于《中国统计年鉴》（1999～2019 年），各变量的描述性统计如图 3－1 和图 3－2 所示。

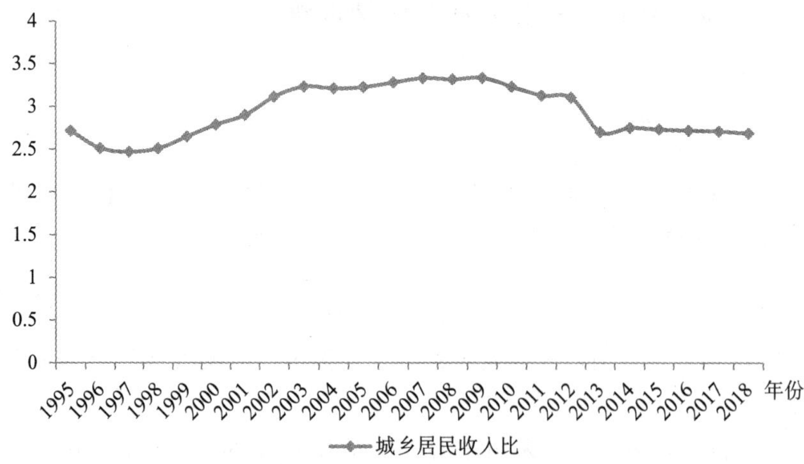

图 3－1　1995～2018 年城乡居民收入比

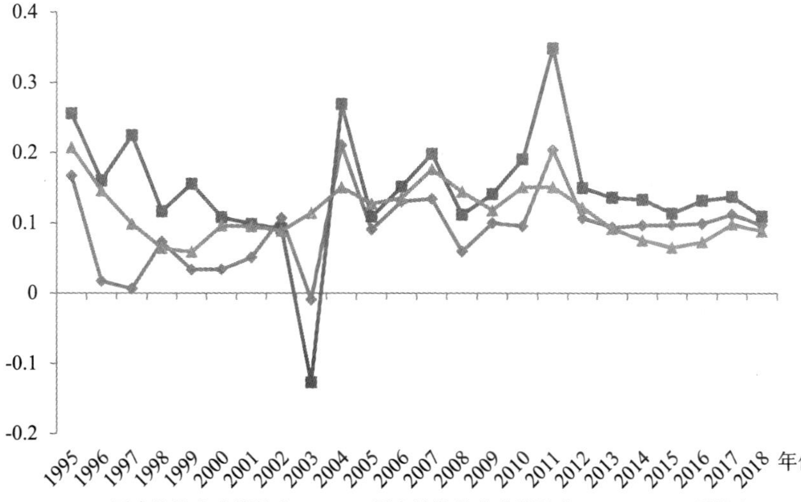

图 3-2 1995~2018 年国内旅游人次增长率、国内旅游总花费增长率、GDP 增长率

（三）模型构建

根据 Sims, C. A. (1980) 的方法，将 VAR (p) 模型设为：

$$Y_t = \prod_1 Y_{t-1} + \prod_2 Y_{t-2} + \cdots + \prod_p Y_{t-p} + \ell X_t + \varepsilon_t \quad (3-5)$$

$$t = 1, 2, \cdots, T, \ \varepsilon_t \sim IND(0, \Omega)$$

其中，$Y = (GAPR, TRN, TRC, GDPI)'$ 是四维内生变量列向量，$GAPR$、TRN、TRC、$GDPI$ 分别表示城乡居民收入比、国内旅游人次增长率、国内旅游总花费增长率、经济增长率。p 是滞后阶数；X_t 是 n 维外生列向量，代表常数项，趋势项等确定性趋势；T 是样本个数；$\prod$ 与 ℓ 代表 4×4 和 $4\times d$ 矩阵；ε_t 表示四维扰动列向量。

VEC 模型是含有协整约束的 VAR 模型，多应用于具有协整关系的非平稳时间序列分析。我们构建 VEC 模型如下：

$$\Delta Y_t = \alpha \mathrm{ECM}_{t-1} + \sum_{i=1}^{p-1} \Gamma_i \Delta Y_{t-i} + \varepsilon_t \quad (3-6)$$

其中，误差修正项向量 $ECM_{t-1} = \beta' Y_{t-1}$，$\Gamma_i = -\sum_{j=i+1}^{p}\prod_j$，$\alpha$ 和 β 为 $4 \times r$ 矩阵。

四、实证检验

（一）变量的单位根检验

本书借助 Eviews 6.0 软件对变量 *GAPR*、*TRN*、*TRC*、*GDPI* 的水平值和一阶差分分别进行 ADF 单位根检验，见表 3－2。在 1% 的显著性水平下，变量 *GAPR*、*TRN*、*TRC*、*GDPI* 的一阶差分都是平稳的。

表 3－2　　单位根 ADF 检验结果

变量	检验类型（C，T，K）	ADF 检验值	1% 临界值	5% 临界值	10% 临界值
GAPR	（C，N，0）	－0.94709	－3.75295	－2.99806	－2.63875
D(*GAPR*)	（N，N，0）	－3.68868*	－2.67429	－1.9572	－1.60818
TRN	（N，N，1）	－0.70663	－2.67429	－1.9572	－1.60818
D(*TRN*)	（C，N，0）	－9.56452*	－3.7696	－3.00486	－2.64224
TRC	（N，N，1）	－1.1768	－2.67429	－1.9572	－1.60818
D(*TRC*)	（N，N，0）	－9.1204*	－2.67429	－1.9572	－1.60818
GDPI	（C，N，3）	－2.38992	－3.80855	－3.02069	－2.65041
D(*GDPI*)	（N，N，2）	－3.52465	－2.68572	－1.95907	－1.60746

注：检验形式（C，T，K）分别表示单位根检验方程包括常数项、时间趋势项和滞后阶数，加入滞后变量是为了使残差项成白噪声，N 是指不包括 C 或 T，D 表示一阶差分，K 根据 AIC、SC 值选取，* 表示在 1% 显著性水平上拒绝原假设。

（二）变量的协整检验

由表 3－2 可知，变量 *GAPR*、*TRN*、*TRC*、*GDPI* 都属于 I（1）时间序列，符合构成四变量之间存在协整关系的先决条件。本书采用 Johansen 检验法（1988）对变量 *GAPR*、*TRN*、*TRC*、*GDPI* 进行协整检验。在检验之前，根据 AIC、SC 信息准则确定 VAR 模型的最优滞后阶数为 1，并对

VAR 模型的稳定性进行了检验，结果显示 VAR 模型所有的根都位于单位圆内，表明模型是稳定的。如表 3-3 所示。

表 3-3　　变量的 Johansen 协整检验结果

零假设	特征值	迹			最大特征根		
		统计量	5%临界值	概率值	统计量	5%临界值	概率值
无*	0.905439	76.88558	47.85613	0	49.52864	27.58434	0
最多1个	0.518493	27.35693	29.79707	0.0932	15.34751	21.13162	0.2653
最多2个	0.389992	12.00942	15.49471	0.1565	10.37993	14.2646	0.1882
最多3个	0.074661	1.629491	3.841466	0.2018	1.629491	3.841466	0.2018

注：*表示在1%显著性水平上拒绝原假设。

从表 3-3 可以看出，在 1% 的显著性水平上，迹检验和最大特征根检验都表明四个变量 *GAPR*、*TRN*、*TRC*、*GDPI* 之间存在一个协整关系。根据经济意义和特征值确定协整方程，并将其正则化，得到协整方程的具体形式如下：

$$GAPR = -1.5029TRN - 1.0942TRC + 6.6632GDPI \tag{3-7}$$
$$(-0.34469)^{*} \quad (-0.18865)^{*} \quad (-0.42129)^{*}$$

其中，括号内为标准误。在 1% 的显著性水平上协整方程中解释变量 *TRN*、*TRC* 与控制变量 *GDPI* 系数都通过了显著性检验。检验结果表明上述变量之间存在长期均衡关系。城乡居民收入比与国内旅游人次增长率、国内旅游总花费增长率呈负相关关系，与国内 GDP 增长率呈正相关关系。国内旅游人次增长率每增加 1%，城乡居民收入比降低 1.5029%；国内旅游总花费增长率每增加 1%，城乡居民收入比降低 1.0942%。由于旅游业是典型的劳动密集型产业，就业门槛低，尤其是乡村旅游的发展充分吸收教育程度普遍不高的农村剩余劳动力就地就业，拓宽了农民增收途径，提高了农民收入水平，故旅游业发展具有缩小城乡收入差距的作用。

国内 GDP 增长率每增加 1%，城乡居民收入比上升 6.6632%。这可能与我国城市偏向的经济政策、产业政策有关，导致农村居民在分享经济发展的红利中处于弱势地位。

（三）向量误差修正模型

根据协整关系建立未施加约束的误差修正模型如下（括号内为相应变量系数的 t 统计量）：

$$GAPR_t = -0.0142 - \frac{0.1310ECM_{t-1}}{(-0.2984)} + \begin{bmatrix} 0.3055 \\ (-0.3545) \\ 0.6670 \\ (-1.0518) \\ -0.1551 \\ (-0.5621) \\ -1.6276 \\ (-1.53001) \end{bmatrix}' \begin{bmatrix} \Delta GAPR_{t-1} \\ \Delta TRN_{t-1} \\ \Delta TRC_{t-1} \\ \Delta GDPI_{t-1} \end{bmatrix}$$

$$+ \begin{bmatrix} 0.3246 \\ (-0.3480) \\ 0.3757 \\ (-0.9596) \\ -0.2812 \\ (-0.5479) \\ 0.2780 \\ (-1.5936) \end{bmatrix}' \begin{bmatrix} \Delta GAPR_{t-2} \\ \Delta TRN_{t-2} \\ \Delta TRC_{t-2} \\ \Delta GDPI_{t-2} \end{bmatrix} \tag{3-8}$$

误差修正项 ECM_{t-1} 为：

$$ECM_{t-1} = GAPR_{t-1} + 1.5029TRN_{t-1} + 1.0942TRC_{t-1} - 6.6632GDPI_{t-1} + 9.2254 \tag{3-9}$$

在该模型中，AIC 和 SC 值分别为 -0.685073 和 -0.188，这表明向量误差修正模型的整体效果较好。从向量误差修正模型可以看出，当城乡居民收入比短期偏离长期均衡值时，协整方程将会以 0.1310 的速度进行反向调整。城乡居民收入比的短期波动受到来自滞后 1 期和 2 期城乡居民收入比、国内旅游人次增长率、国内旅游总花费增长率以及国内 GDP 增长率的影响，但这种影响并不显著。

五、结论

（一）国内旅游业发展与城乡收入差距

从计量分析结果来看，国内旅游人次增长率与国内旅游总花费增长率在长期都具有缩小城乡收入差距的作用，国内旅游人次增长率的影响要大于国内旅游总花费增长率对城乡收入差距的影响（协整方程中弹性系数分别为 1.5029 和 1.0942），但在短期内国内旅游人次增长率与国内旅游总花费增长率对城乡收入差距的影响均不显著（误差修正模型中系数没有通过显著性检验）。这说明旅游业发展对城乡收入差距的缩小效应具有较长的时滞，这可能与旅游业本身的投资周期长、回收期慢、回收期长特征有关。

（二）GDP 增长与城乡收入差距

实证检验结果表明，国内 GDP 增长率与城乡收入差距间存在长期均衡关系，从长期来看国内 GDP 增长率提高扩大城乡收入差距的因素，但在短期内国内 GDP 增长率对城乡收入差距没有显著影响。这表明城镇居民和农村居民在经济增长的成果分享中并不均等，城镇居民获益大于农村居民。

六、建议

大力发展旅游业，尤其是乡村旅游，推进乡村特色旅游小镇建设，充分发挥乡村旅游在脱贫攻坚中的积极作用。一是充分发挥农村田园风貌、村落景观、乡土风情等能够体现乡村性和生态意境的特色资源优势，挖掘农耕文化和生态内涵，全面规划旅游发展蓝图，完善旅游基础设施，加快旅游人才的培养与储备工作，培育优势旅游项目，为游客提供观光、休闲、体验、健身、娱乐等一体化的旅游活动，发挥旅游产业对资源的优化配置和对乡村经济发展的引领和推动作用。二是要拓展旅游发展模式，优化产业结构、延伸产业链，推动农业和旅游业深度融合与联动发展，实施全域旅游发展战略，促进旅游扶贫与产业扶贫、财政扶贫、金融扶贫等扶贫模式和手段的全面融合，构建全方位立体式扶贫体系。三是要完善乡村旅游开发中的土地流转机制以及当地居民参与和利益分享机制，出台标准化的乡村旅游法律法规，激励城镇人才下乡及民工返乡参与旅游就业与创业，并促进城镇资金、技术、知识要素向乡村旅游领域流动与扩散；同时提高乡村旅游管理和服务水平，充分发挥旅游产业对边缘地带的辐射效应，带动旅游目的地周边发展，促进城乡融合和缩小城乡收入差距。

第二节　经济开放、市场化与国际旅游发展——基于空间计量模型的分析①

一、引言

我国旅游业发展迅速，已经成为国民经济的支柱产业和主要增长点，甚至有些地区把发展旅游作为脱贫致富、实现经济可持续发展的重要举措。国际旅游在旅游业中居于重要地位，是衡量一个地区旅游综合实力

---

① 原文发表于《暨南学报（哲学社会科学版）》2015 年第 10 期，153 - 160 页，原名为《经济开放、市场化与入境旅游发展——基于空间计量模型的分析》。

的重要指标，也是争创外汇收入的主渠道和解决就业的有效途径。

随着我国国际旅游的发展繁荣，国内学者也掀起了国际旅游的研究热潮。从已有研究文献来看，关注国际旅游发展与经济增长的互动关系的文献较为丰富。庞丽、王铮和刘清春（2006）在考虑我国国际旅游发展区域差异的基础上就各区域国际旅游发展和经济增长之间的因果关系进行了探讨。王良健等（2010）通过异质面板协整检验发现，国际旅游、国内旅游的发展与全国及所有省市自治区的经济增长均有相互促进作用。此外，研究国际旅游发展影响因素的文献也相当丰富。甘永萍（2010）以广西 14 个地级市为区域单元进行研究，发现导致国际旅游发展空间差异的主要因素是区域经济发展水平、旅游资源禀赋、服务设施、区位及交通。黄爱莲（2011）利用引力模型对国际旅游的影响因素进行了实证研究。赵东喜（2011）研究了人民币汇率变化对中国国际旅游的影响。与此同时，也有学者从外部冲击探究影响国际旅游发展的因素，如朱明芳等（2007）分析了 SARS 的影响；王铮等（2010）考察和诠释了历次重大事件对国际旅游的冲击。

上述关于国际旅游发展与经济增长的关系以及影响国际旅游发展因素的研究，侧重于国际旅游市场内部分析的文献较多，而从市场外部探究国际旅游发展的文献较少。中国经济发展已实现了两个转变：由封闭转向开放，由计划转向市场。因此，结合中国经济制度特征，将经济开放水平与市场化程度纳入国际旅游发展的分析框架，显得特别重要。而关于这方面的研究文献相当匮乏，韩亚芬、孙根年和李琦（2011）以山东和陕西为例，利用 1991 ~2008 年的时间序列数据研究了经济开放度对国际旅游业发展的影响，发现国际旅游会随着对外开放度的提高获得同步增长；刘玉萍和郭郡郡（2011）利用单位根检验、协整检验、格兰杰因果检验研究了国际旅游与对外贸易的关系，得出了国际旅游与对外贸易出口、工业产品出口之间存在双向因果关系，但商务旅游与对外贸易进口之间不存在长期稳定关系的结论；赵东喜（2007）研究发现，国际旅游收入受对外开放与经济增长的影响大于其自身及国际旅游人数的影响，对外开放与经济增长受国际旅游收入增长的影响时滞较长。这些研究侧重于时间序列数据分析，且没有将经济开放、市场化对国际旅游发展的影响相结合进行系统研究。鉴于此，本书首先对国际旅游发展、经济开放与市场化的空间自相性进行研究，并分析了国际旅游发展的空间集聚特征；在此基础上，利用空间滞后模型和空间误差模型就经济开放与市场化对国际旅游发展的影响进行了分析。

二、模型构建及数据来源

关于国际旅游发展水平和速度的衡量指标主要有两种：国际旅游外汇收入和入境旅游人数。本书同时采用这两种指标，构建两个双对数模型如下：

$$\ln TR = b_0 + b_1 \ln IN + b_2 \ln MA + \varepsilon \quad (\text{I})$$

$$\ln TP = c_0 + c_1 \ln IN + c_2 \ln MA + \varepsilon \quad (\text{II})$$

其中，*TR* 表示国际旅游外汇收入，*TP* 表示入境旅游人数。

IN 表示经济开放程度，贸易依存度（即进出口总额/GDP）是最常见的测定经济开放程度的指标，此外，也有学者用进出口总额与利用外资总额之和占 GDP 的比重来度量。由于《中国统计年鉴》中部分省市自治区利用外资的数据不完整，所以本书用贸易依存度表示经济开放程度。

市场化水平（*MA*），非国有经济固定资产投资占总固定资产投资的比例和非国有经济单位职工人数占职工总数的比重是衡量市场化水平常见的两种指标，考虑到每个劳动力匹配的资本数量的差异，本书采用前者。

本书关于全国 31 个省市自治区的国际旅游外汇收入、入境旅游人数、进出口贸易总额、GDP、非国有经济固定资产投资额、总固定资产投资额、各年度美元汇率的数据均来源于《中国统计年鉴》（1998～2011 年）。

三、空间计量分析

（一）空间相关性分析

目前使用最为广泛的检测空间自相关的方法是 Moran's I 指数，其计算方法如下：

$$Moran's\ I = \frac{\sum_{i=1}^{n}\sum_{j=1}^{m} W_{ij}(Y_i - \bar{Y})(Y_j - \bar{Y})}{S^2 \sum_{i=1}^{n}\sum_{j=1}^{m} W_{ij}} \tag{3-10}$$

其中，$\bar{Y} = \frac{1}{n}\sum_{i=1}^{n} Y_i$，$S^2 = \frac{1}{n}\sum_{i=1}^{n}(Y_i - \bar{Y})^2$；$n$ 为省域总数；Y_i表示第 i 省域的观测值，W_{ij}为二进制的邻接空间权重矩阵，它可以根据邻接标准或距离标准化度量。在这里，确定空间权重矩阵的规则如下：

$$W_{ij} = \begin{cases} 0, 当\ i\ 与\ j\ 省不相邻 \\ 1, 当\ i\ 与\ j\ 省相邻 \end{cases}$$

Moran's I 的取值范围一般为 $-1 \leqslant$ Moran's I $\leqslant 1$。该指数数值越大表示空间集聚分布特征越明显。我们借助 Geoda 空间计量软件对 1998～2010 年国际旅游外汇收入、入境旅游人数、经济开放、市场化的空间相关性进行检验，Moran's I 计算结果见表 3－4。除 2006 年、2007 年和 2010 年市场化的 Moran's I 指数没有通过显著性检验，其他年份各变量的 Moran's I 指数都通过了显著性检验，这表明国际旅游外汇收入、入境旅游人数、经济开放、市场化四个变量在空间随机分布的假设被拒绝，具有明显的空间相关性。

表 3－4　　我国国际旅游收入、入境旅游人数、经济开放、市场化的 Moran's I 指数

年份＼变量	ln（TR）	ln（TP）	ln（IN）	ln（MA）
1998	0.2271**	0.1895**	02057**	0.3015*
1999	0.2310**	0.2122**	0.2238**	0.210*
2000	0.2285**	0.2034**	0.2874*	0.0770**
2001	0.2539*	0.2140**	0.2891*	0.0616***
2002	0.2571*	0.2258*	0.3067*	0.1484**

续表

年份＼变量	ln（TR）	ln（TP）	ln（IN）	ln（MA）
2003	0.2846 *	0.2445 *	0.3027 *	0.0797 ***
2004	0.2827 *	0.2408 *	0.2982 *	0.1274 **
2005	0.2993 *	0.2606 *	0.3090 *	0.1269 *
2006	0.3220 *	0.2843 *	0.2961 **	-0.0610
2007	0.3440 *	0.2992 *	0.3039 *	-0.0225
2008	0.4738 *	0.4351 *	0.3005 *	0.1793 **
2009	0.4562 *	0.4485 *	0.3046 *	0.1901 **
2010	0.3432 *	0.3566 *	0.2704 **	-0.0439

注：* 表示 $p < 1\%$，** 表示 $p < 5\%$，*** 表示 $p < 10\%$。

为了进一步考察国际旅游业发展的局部地区空间集聚特征，我们使用 Moran's I 指数散点图和 LISA 地图来进行分析。限于篇幅本书仅给出 2010 年的检验结果（见图 3－3 和表 3－5）。

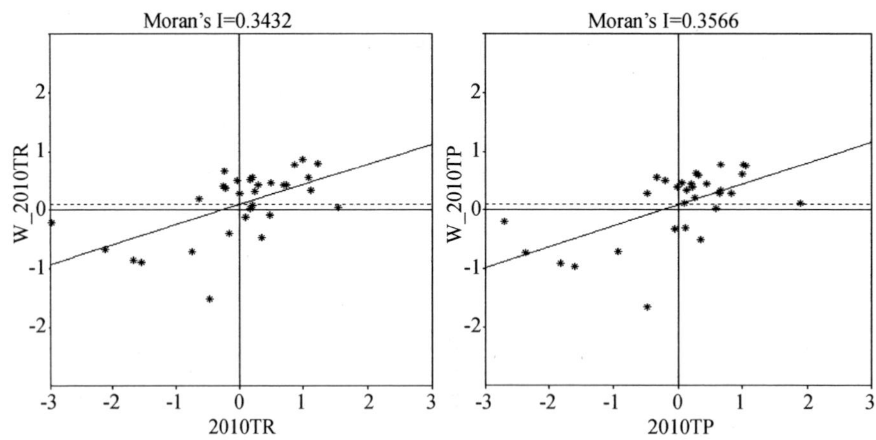

图 3－3　2010 年国际旅游外汇收入和入境旅游人数 Moran's I 指数散点图

表 3－5　2010 年国际旅游外汇收入和入境旅游人数的局部空间集聚特征分析

	国际旅游外汇收入	入境旅游人数
第一象限（H－H）	辽宁、上海、浙江、江苏、广西、北京、天津、福建、黑龙江、安徽、河南、重庆、湖北、山东、湖南、广东	辽宁、上海、浙江、江苏、广西、北京、天津、福建、黑龙江、安徽、河南、重庆、湖北、山东、湖南、广东、山西
第二象限（L－H）	山西、吉林、江西、海南、贵州	吉林、江西、海南、贵州
第三象限（L－L）	河北、甘肃、青海、宁夏、新疆、西藏、四川	河北、甘肃、青海、宁夏、新疆、西藏、四川
第四象限（H－L）	内蒙古、云南、陕西	内蒙古、云南、陕西

检验结果表明，无论是从国际旅游外汇收入视角还是从入境旅游人数视角来看，我国国际旅游业发展具有明显的空间集聚特征。辽宁、上海、广西等 16 个省市自治区位于第一象限（H－H），表明这些省市自治区都是国际旅游业发展程度高的，并被国际旅游业发展程度高的省市自治区所包围；位于第三象限的河北、甘肃、青海等七个省、自治区都是国际旅游业发展程度较低的，相对趋于与国际旅游业发展程度较低的省自治区相邻；内蒙古、云南、陕西三个省自治区位于高—低集群区；吉林、江西、海南等四个省位于低—高集群区。

（二）空间模型估计

1. 空间计量模型选择。由于经济变量存在空间自相关以及国际旅游业发展具有局部空间集聚效应，传统的线性模型回归会存在系统参数的估计偏差。因此，我们采用空间计量估计方法，根据 Anselin（1988）的建议，采用极大似然法估计空间滞后模型和空间误差模型中的参数。

空间滞后模型 SLM 主要研究变量在一个地区是否具有扩散现象，具体形式如下：

$$y = \beta X + \rho W y + \varepsilon \tag{3-11}$$

其中，X 代表自变量向量；ε 为向量误差项；ρ 为空间自回归系数，度量了某省域地理上经济发展的区域集聚效应；Wy 是空间权重矩阵。

空间误差模型 SEM 主要通过空间误差干扰项度量相邻省域间自变量误差变化对本地观测值的影响程度，具体的形式如下：

$$y = \beta X + \varepsilon \tag{3-12}$$

$$\varepsilon = \lambda W\varepsilon + \mu \tag{3-13}$$

其中，μ 为正态分布的随机误差向量；λ 为 $n \times 1$ 阶的截面因变量向量的空间误差系数。

对于空间计量模型 SLM 和 SEM 的选择，我们采用拉格朗日乘数—滞后检验（LMLAG）、稳健的拉格朗日乘数—滞后检验（R - LMLAG）和拉格朗日乘数—误差检验（LMERR）、稳健的拉格朗日乘数—误差检验（R - LMLAG）进行判断。

2. 估计结果分析。表 3 - 6 同时给出了 2009 年和 2010 年国际旅游外汇收入、经济开放与市场化的三种估计结果。2009 年和 2010 年的 Moran' I 分别在 10% 和 1% 的显著性水平上通过了检验，表明经典线性回归的空间依赖性很强。与此同时，在 5% 的显著性水平上，拉格朗日乘数—滞后检验和稳健的拉格朗日乘数—滞后检验都通过了，而在 10% 的显著性水平上，稳健的拉格朗日乘数—误差检验没通过，这表明选择空间滞后模型更为合适。估计结果显示，SLM 模型的各种检验值均优于 OLS 和 SEM，拟合优度 Adj - R^2 大幅提高、施瓦茨信息值和赤池信息值相对变小，空间滞后系数 P 大于空间误差系数 λ 且通过了显著性检验，进一步说明模型选择的正确性。

从估计结果可以看出，经济开放度的提高对于国际旅游外汇收入增长具有显著的正面影响，而市场化对国际旅游外汇收入的影响不能确定，2009 年为正面影响，而 2010 年产生负面效应。2009 年和 2010 年空间滞后模型的空间自相关系数分别为 0.365977 和 0.456781，且都在 5% 的显著性水平上通过了检验，这表明本省经济开放程度的提高对相邻省份也有一定的促进作用，拥有相邻省份越多的省市从本省和相邻省份经济开放中获得的正外部性越强，意味着经济开放对国际旅游发展的促进作用具有空间溢出特征。

表 3－6　　　2009 年和 2010 年国际旅游外汇收入、经济开放与市场化的估计结果

模型	2009 年			2010 年		
	OLS	SLM	SEM	OLS	SLM	SEM
C	9. 25343 * (0. 5907017)	6. 329407 * (1. 247137)	8. 864015 * (0. 6082522)	7. 928626 * (0. 4923973)	4. 668574 * (1. 116251)	7. 53001 * (0. 5246082)
ln (IN)	1. 088896 * (0. 2190035)	0. 9643793 * (0. 1946283)	1. 040675 * (0. 2118737)	1. 259647 * (0. 2599324)	1. 043913 * (0. 2128509)	1. 031089 * (0. 2375932)
ln (MA)	2. 272188 ** (1. 060078)	1. 320608 (0. 9350193)	1. 633119 (0. 9955151)	－1. 374005 * (0. 288242)	－1. 329657 * (0. 226011)	－1. 322263 * (0. 2373981)
P (λ)		0. 365977 **	0. 250258		0. 456781 *	0. 412062 **
Adj－R^2	0. 538745	0. 659689	0. 596524	0. 535328	0. 705152	0. 661708
F－statistic	18. 52 *			18. 2808 *		
logL	－47. 8867	－44. 8727	－47. 083202	－53. 2267	－48. 2526	－50. 068609
AIC	101. 773	97. 7453	100. 166	112. 453	104. 505	106. 137
SC	106. 075	103. 481	104. 468365	116. 755	110. 241	110. 439179
Moran's I (error)	0. 12565 ***			0. 318181 *		
LMLAG	5. 689383 **			10. 5829956 *		
R－LMLAG	5. 911742 **			4. 4431918 **		
LMERR	0. 9789047			6. 2768262 **		
R－LMERR	1. 2012640			0. 1370224		
LR		6. 028128 **	1. 60707		9. 948344 *	6. 316254 **

注：* 表示 $p < 1\%$ ，** 表示 $p < 5\%$ ，*** 表示 $p < 10\%$ 。

利用 SLM 模型对 1998～2008 年国际旅游外汇收入、经济开放与市场化的关系进行估计，结果见表 3－7。估计结果显示，经济开放对国际旅游外汇收入增长具有显著的促进作用，其回归系数为 0. 82～1. 05，且在 1% 的显著性水平上通过了检验，而市场化对国际旅游外汇收入没有显著影响（除 1998 年外）。

表 3－7　　1998～2008 年国际旅游外汇收入、经济开放与市场化的估计结果

年份	模型	C	ln（IN）	ln（MA）	Adj－R^2
1998	SLM	7.472318* (1.245239)	0.9712256* (0.2005348)	0.8907634*** (0.445696)	0.552419
1999		7.112705* (1.22294)	0.9327821* (0.1894352)	0.7306064 (0.4109894)	0.542444
2000		6.433197* (1.204437)	0.8811966* (0.1911917)	0.4047958 (0.4133609)	0.510245
2001		6.313898* (1.21061)	0.8207053* (0.2061839)	0.4730766 (0.4788952)	0.495010
2002		6.428721* (1.259493)	0.8748581* (0.2218597)	0.5750593 (0.7416552)	0.512642
2003		6.032662* (1.091342)	1.046993* (0.2231724)	0.533267 (0.5265456)	0.571422
2004		6.049236* (1.248143)	0.8698947* (0.2326503)	0.6401002 (0.8329075)	0.485473
2005		6.448593* (1.235823)	0.9083349* (0.2158942)	0.9735084 (0.8652773)	0.555116
2006		5.837555* (1.188345)	0.9096274* (0.2196061)	0.3855557 (0.5012698)	0.519108
2007		6.306513* (1.288641)	0.9655571* (0.2064574)	0.8532511 (0.9737151)	0.559453
2008		6.01332* (1.209679)	0.9327408* (0.2133552)	1.783611 (1.183633)	0.651362

注：* 表示 $p<1\%$，** 表示 $p<5\%$，*** 表示 $p<10\%$。

2009 年和 2010 年入境旅游人数、经济开放与市场化的估计结果见表 3－8。线性回归结果显示，Moran's I 分别为 0.149162 和 0.345552，且在 5% 的显著性水平上通过了检验，表明模型空间依赖性很强。在 10% 的显著性水平上，拉格朗日乘数—滞后检验和稳健的拉格朗日乘数—滞后检验都通过了，但稳健的拉格朗日乘数—误差检验没通过，说明应选择空间

滞后模型。比较三种模型的估计结果，SLM 模型的各种检验值均优于 OLS 和 SEM 模型，空间滞后系数 *P* 大于空间误差系数 λ 且通过了显著性检验。

估计结果表明，经济开放度的提高对于入境旅游人数的增长具有显著的正向作用，而市场化对入境旅游人数的影响不能确定，2009 年为正向作用，而 2010 年产生负面效应。2009 年和 2010 年的空间自相关系数分别为 0.359933 和 0.449904，且都通过了显著性检验，进一步表明本省经济开放程度的提高对相邻省份的促进作用，拥有相邻省份越多的省市从本省和相邻省份经济开放中获得的正外部性越强，即经济开放对入境旅游发展的正向作用具有空间溢出特征。

表 3－8　2009 年和 2010 年入境旅游人数、经济开放与市场化的估计结果

模型	2009 年			2010 年		
	OLS	SLM	SEM	OLS	SLM	SEM
C	7.314927 * (0.5478987)	5.084288 * (1.03884)	6.963036 * (0.5647948)	6.103732 * (0.4685728)	3.630898 * (0.9292838)	5.746576 * (0.4972571)
ln (IN)	0.8281586 * (0.2031342)	0.7357408 * (0.1804684)	0.7942696 * (0.1958443)	1.035697 * (0.2522845)	0.8678562 * (0.2074594)	0.8492835 * (0.2284006)
ln (MA)	2.368911 ** (0.9832634)	1.553313 *** (0.8702707)	1.755886 ** (0.9185402)	－1.268109 * (0.3499719)	－1.242958 * (0.2783566)	－1.238701 * (0.2832889)
P (λ)		0.359933 **	0.2652388		0.449904 *	0.419637 **
Adj－R^2	0.475830	0.606814	0.547001	0.408383	0.613380	0.577839
F－statistic	14.6166 *			11.3542		
logL	－45.5549	－42.7705	－44.616914	－51.6864	－47.1145	－48.265947
AIC	97.1098	93.5409	95.2338	109.373	102.229	102.532
SC	101.412	99.2769	99.535789	113.675	107.965	106.833855
Moran's I (error)	0.149162 **			0.345552 *		
LMLAG	5.4666675 **			10.1615809 *		
R－LMLAG	4.9802523 **			2.7989267 ***		
LMERR	1.3794626			7.4031639 *		
R－LMERR	0.8930474			0.0405098		
LR		5.568867 **	1.875962		9.143869 *	6.840944 *

注：* 表示 $p<1\%$，** 表示 $p<5\%$，*** 表示 $p<10\%$。

同样，利用 SLM 模型对 1998 ~2008 年入境旅游人数、经济开放与市场化的关系进行估计，结果显示（见表 3 –9），经济开放对入境旅游人数的增长具有显著的促进作用，其回归系数为 0.63 ~0.77，且在 1% 的显著性水平上通过了检验；而市场化对入境旅游人数的增长没有显著影响（除 1998 年和 2008 年外）。

表 3 –9　1998 ~2008 年入境旅游人数、经济开放与市场化的估计结果

年份	模型	C	ln（IN）	ln（MA）	Adj – R^2
1998	SLM	5.990439 * (1.009925)	0.7659099 * (0.1851117)	0.9351855 ** (0.4127945)	0.493421
1999		5.438206 * (1.001411)	0.7059575 * (0.1775801)	0.7395972 (0.3861965)	0.462057
2000		4.825304 * (0.9940548)	0.6524401 * (0.1846607)	0.4290937 (0.4015003)	0.399978
2001		4.828029 * (0.9954178)	0.5898473 * (0.1948195)	0.5392435 (0.4553177)	0.393932
2002		4.998732 * (1.045078)	0.6467577 * (0.2111392)	0.6857357 (0.7071887)	0.420277
2003		4.77986 * (0.9108448)	0.8114817 * (0.2156028)	0.6577987 (0.5122113)	0.480685
2004		4.879672 * (1.036915)	0.6481404 * (0.217527)	0.8028277 (0.7813475)	0.399106
2005		5.167743 * (1.034061)	0.6880152 * (0.2013818)	1.071747 (0.8104044)	0.474895
2006		4.542403 * (0.9930381)	0.6993141 * (0.2056254)	0.3131914 (0.4740934)	0.420475
2007		5.059881 * (1.10461)	0.7307264 * (0.1976581)	0.958264 (0.9407834)	0.450416
2008		4.999191 * (1.022624)	0.6932859 * (0.1985141)	2.16741 ** (1.105355)	0.587382

注：* 表示 $p < 1\%$ ，** 表示 $p < 5\%$ ，*** 表示 $p < 10\%$ 。

四、主要研究结论及政策建议

通过计算 Moran's I 指数，发现我国国际旅游发展（无论是从国际旅游外汇收入还是从国际旅游人数的角度来看）、经济开放、市场化具有明显的空间自相关，并且我国国际旅游业的空间自相关性在不断增强，Moran's I 指数逐渐变大；Moran's I 散点图和 LISA 地图的分析结果表明，我国国际旅游业发展具有明显的局部空间集聚特征，其中长三角、珠三角、京津地区是国际旅游业发展的“高—高”集聚区，“低—低”集聚的省域出现在西部地区（甘肃、青海、宁夏等省自治区）。

通过两个拉格朗日乘数检验以及对 OLS、SLM、SEM 三种模型进行比较，发现我国国际旅游业发展、经济开放与市场化的回归估计最适合的模型是空间滞后模型。从估计结果来看，1998 ~ 2010 年经济开放对国际旅游外汇收入增长和入境旅游人数增长具有显著的正向作用，其回归系数分别在 0.82 ~ 1.05 和 0.63 ~ 0.87 之间波动，且在 1% 的显著性水平上通过了检验，表明这种正面效应是持续稳定的。但市场化对国际旅游外汇收入增长和入境旅游人数的增长没有显著影响（除 1998 年、2009 年和 2010 年外）。

经济开放对国际旅游的促进作用具有空间外溢特征，即某地区的经济开放并非独立，必然与邻近地区发生一定的联系，表现为地理上的相关性和溢出特征。因此，我们在加大经济开放力度、发展国际旅游的过程中充分发挥经济强省、旅游强省的辐射作用和示范效应。经济开放水平提高对国际旅游业发展的促进效应主要是通过两种途径来实现的。一是直接途径，随着我国经济开放程度的提高，我国各省市同世界各国的经贸、文化交流在不断地加强，而经贸文化交流推动了我国国际旅游业的快速发展。近年来我国积极开展对外经济合作、加强对外文化交流，使越来越多的外国人加深了对中国的了解和认识，基于商务或文化交流目的来中国旅游的人数随之增多，如中国—东盟自由贸易区的建立，在很大程度上扫除了中国与东盟各国间人员来往的障碍，使各国之间人员流动变得更加简便，再加上中国和东盟各国间旅游产品存在较强的互补性，因此，在自由贸易区建立后中国和东盟各国旅游业取得长足发展。2010 年举办的上海世博会给周边地区带来的旅游辐射效应是很明显的，据统计，在上海世博会的 7300 万客流中，有 35% 左右继续在长三角地区和中国其他旅游景区游览。二是间接途径，经济开放度，特别是出口依存度的提高，对于我国外向型经济的长期发展及经济的稳定增长有着十分重要的作用，而经济实力的提升，有利于开发旅游资源，强化旅游设施和交通条件建设，从而加快国际旅游业的发展步伐。鉴于经济开放对国际旅游的正向影响，我国各地要充分利用对外经贸合作、文化交流的平台宣传本地旅游形象、加大旅游产品的海外营销，全方位、立体式推动国际旅游业健康、持续、快速发展。

尽管市场化水平对国际旅游的发展没有直接影响，但可以通过提升经济开放程度间接影响国际旅游的发展。随着市场化改革进程的推进，市场在资源配置中的基础性作用不断增强，进出口贸易和利用外资的壁垒和障碍逐渐消除，这为引进外资和先进技术，输出商品、资本、劳务和技术创造了良好的条件，提升了经济开放度，促进了我国同世界各国的经贸合作与文化交流。而实证检验结果表明经济开放度的提高对于国际旅游发展具有显著的正向作用。因此，从某种意义上来说，市场化通过提高经济开放水平有力地促进了国际旅游的发展。

第三节　经济开放、国际旅游发展与城乡收入差距——基于空间计量模型的分析①

一、引言

改革开放以来，我国经济高速增长，居民收入大幅提升、生活质量

① 原文发表于《宜春学院学报》2019 年第 10 期，27 – 32 页。

得到显著改善，但收入分配差距在不断加剧，城乡收入差距尤其突出。2011 年贵州和云南城乡居民人均收入比分别为 3.98∶1 和 3.93∶1。与此同时，随着经济开放水平的提高，我国国际旅游得到蓬勃发展。1980 年，我国旅游外汇收入总额为 6.17 亿美元，国际旅游人数为 570.25 万人次，而 2011 年旅游外汇收入总额为 484.64 亿美元，国际旅游人数为 13542.35 万人次。经济开放、国际旅游发展与城乡收入差距三者之间的关系被学者关注。

国内不少学者就经济开放对城乡收入差距的影响与作用机制进行了有益的探索。毛其淋（2011）通过实证分析发现：经济开放在总体上扩大了城乡收入差距，但存在区域差异性，即它显著地缩小了内陆地区的收入差距，加剧了沿海地区的收入差距。沈颖郁、张二震（2011）利用 1993～2008 年我国 29 个省、市、自治区的面板数据进行研究，得出了对外贸易和 FDI 的增加均将进一步扩大城乡收入差距的结论。与此相反，也有研究表明经济开放缩小了城乡收入差距。袁冬梅、魏后凯和杨焕（2011）通过实证分析，发现贸易开放度有缩小城乡收入差距的作用，外资依存度的提高对城乡收入差距具有缓和作用，但统计上不显著。此外，赵莹（2003）、孙素梅（2008）、周华（2006）、ShangJin Wei 和 Yi Wu（2001）等人的研究也得出类似结论。

至于旅游发展与收入差距二者之间的关系，相关研究比较欠缺。赵磊（2011）根据 1999～2008 年的省级面板数据，利用系统广义矩阵方法考察了旅游发展对城乡收入差距的影响效应，结果表明：地方旅游发展对农村人均实际收入具有拉动作用，缩小城乡收入差距效果显著，而与城镇居民人均收入没有显著关系。王铁、张全景（2010）探讨了发展乡村旅游与缩小我国城乡差距的可能性和可行性；结合国内外理论和实践从多个方面论证了以 PPT（有利于贫困人口的旅游）为核心的乡村旅游在缩小城乡收入差距上的重要性和必要性，最后就 PPT 与乡村旅游的整合在区域选择、制度设计、政府职能等方面提出了建议。潘雪阳、王海鹏（2010）认为发展乡村旅游可以促进农村剩余劳动力转移和生产要素流动，是解决农民增收难的重要突破口，并分析了城乡居民收入分配政策中存在的问题，通过选取四川省重要的县市（广元市苍溪县、眉山市）

进行研究，进而得出发展乡村旅游可促进农民增收、有助于缩小城乡收入差距的结论。

通过梳理文献发现，结合经济开放来考察旅游发展对城乡收入差距影响的文献很少，且并没有触及本质问题的核心层面，鉴于此，本书借助空间计量模型就经济开放、国际旅游发展对城乡收入差距的影响以及二者的交互作用进行探讨。

二、模型构建及数据来源

本书同时采用城镇与农村居民人均纯收入之比和城乡居民人均消费支出比两种指标，从收入和消费支出双重视角来度量城乡收入差距，分别用 GAPR 和 GAPC 表示，构建两个双对数模型如下：

$$\ln GAPR = b_0 + b_1 \ln TRAD + b_2 \ln TOUR + b_3 \ln TRAD \ln TOUR + b_4 \ln CITY + \varepsilon \qquad (\text{Ⅲ})$$

$$\ln GAPC = c_0 + c_1 \ln TRAD + c_2 \ln TOUR + c_3 \ln TRAD \ln TOUR + c_4 \ln CITY + \ell \qquad (\text{Ⅳ})$$

其中，TUOR 是国际旅游外汇收入增长率，用来表示国际旅游业发展水平和速度，其计算公式如下：

$$\text{国际旅游外汇收入增长率} = \frac{\text{本期国际旅游外汇收入} - \text{上期国际旅游外汇收入}}{\text{上期国际旅游外汇收入}} \times 100\% \qquad (3-14)$$

TRAD 表示经济开放程度，即进出口总额/GDP。

为了考察国际旅游和经济开放的交互作用给城乡收入差距带来的影响，我们在模型中加入了国际旅游和经济开放的交互项，用 $\ln TRAD \ln TOUR$ 表示。

鉴于城镇化对缩小城乡收入差距的作用，我们将城镇化率作为模型的控制变量。我们用非农业就业人口比重来度量城镇化率，其定义和计算公式为：

$$\text{城镇化水平} = \frac{\text{非农业就业人口}}{\text{总就业人口}} \qquad (3-15)$$

本书从《中国统计年鉴》收集整理所有数据，时间跨度为 1997 ~ 2010 年[①]。

三、空间计量分析

（一）空间相关性分析

空间自相关采用 Moran's I 指数衡量，其计算公式如下：

$$Moran's\ I = \frac{\sum_{i=1}^{n}\sum_{j=1}^{m} W_{ij}(y_i - \bar{y})(y_j - \bar{y})}{S^2 \sum_{i=1}^{n}\sum_{j=1}^{m} W_{ij}} \qquad (3-16)$$

式（3-16）中，$\bar{y} = \frac{1}{n}\sum_{i=1}^{n} y_i$，$S^2 = \frac{1}{n}\sum_{i=1}^{n}(y_i - \bar{y})^2$；$n$ 为省域总数；y_i 表示第 i 个省域的观测值，W_{ij} 为二进制的邻接空间权重矩阵：

$$W_{ij} = \begin{cases} 0, 当\ i\ 与\ j\ 省不相邻 \\ 1, 当\ i\ 与\ j\ 省相邻 \end{cases}$$

一般来说，Moran's I 的取值范围为 $-1 \leqslant Moran's\ I \leqslant 1$。Moran's I 计算结果见表 3-10，数据表明国际旅游外汇收入增长率、经济开放、城乡收入差距、国际旅游和经济开放的交互项以及城镇化五个变量在空间随机分布的假设被拒绝，具有明显的空间相关性。

表 3-10　国际旅游外汇收入增长率、经济开放、城乡收入差距、城乡消费差距以及城镇化的 Moran's I 指数

变量	ln(TOUR)	ln(TRAD)	ln(CITY)	ln(GAPR)	ln(GAPC)	ln(TOUR) × ln(TRAD)
Moran's I 指数值	0.0132**	0.2552*	0.2835*	0.6635*	0.0472	0.2626**
Moran's I 相伴概率	0.05	0.01	0.01	0.01	0.15	0.02

注：* 表示 1% 的水平上显著，** 表示 5% 的水平上显著。

① 鉴于 2006 年部分数据缺失，就以历年城镇化率的平均变化趋势来估计 2006 年的城镇化率。

本书采用 Moran's I 指数散点图和 LISA 地图来考察国际旅游外汇收入增长率、经济开放、城乡收入差距、城乡消费差距的局部地区空间集聚特征，检验结果见图 3－4 和表 3－11。

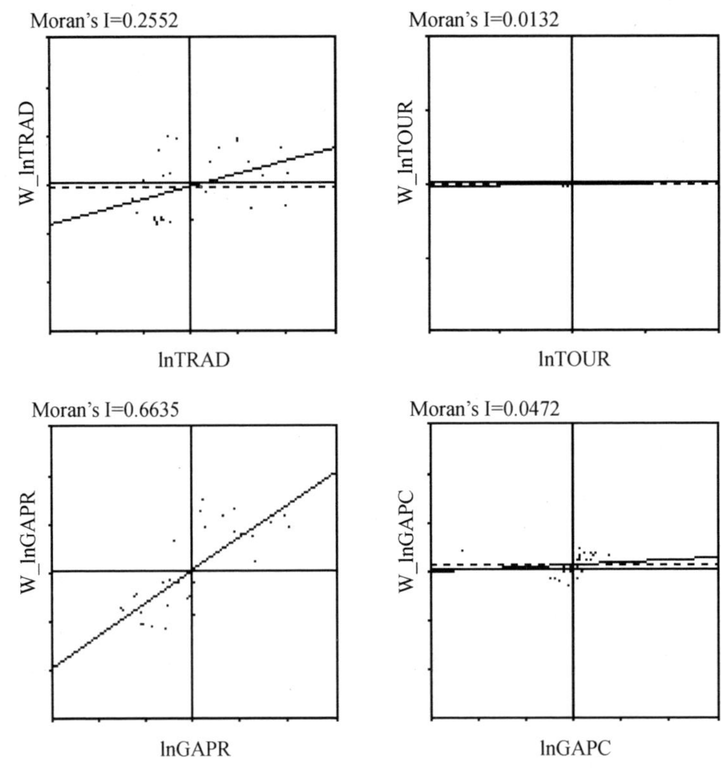

图 3－4　lnTRAD、ln TOUR、lnGAPR、lnGAPC 的 Moran's I 指数散点图

表 3－11　国际旅游外汇收入增长率、经济开放、城乡收入差距、城乡消费差距的局部空间集聚特征分析

	lnTRAD	lnTOUR	lnGAPR	lnGAPC
第一象限（H－H）	北京、天津、辽宁、上海、江苏、浙江、福建、山东	上海、浙江	河北、广西、重庆、四川、贵州、云南、西藏、陕西、甘肃、青海、宁夏、新疆	天津、河南、广东、广西、海南、重庆、四川、贵州、云南、西藏、陕西、甘肃、青海、宁夏、新疆

续表

	lnTRAD	lnTOUR	lnGAPR	lnGAPC
第二象限（L－H）	山西、内蒙古、吉林、黑龙江、安徽、湖南、广西	吉林、黑龙江、江苏	海南	北京、河北、黑龙江、江西、山东、湖南
第三象限（L－L）	江西、河南、湖北、重庆、四川、贵州、云南、西藏、陕西、甘肃、青海、宁夏	山西、辽宁、安徽、福建、江西、山东、河南、湖北、湖南、广东、广西、海南、重庆、四川、贵州、云南、西藏、陕西、甘肃、青海、宁夏、新疆	北京、天津、山西、内蒙古、辽宁、吉林、黑龙江、上海、江苏、浙江、福建、江西、山东、河南、湖北	辽宁、吉林、黑龙江、上海、江苏、浙江、福建
第四象限（H－L）	广东、海南、河北、新疆	北京、天津、河北、内蒙古	安徽、湖南、广东	山西、安徽、湖北

上述各个变量的局部空间分布具有典型的集聚特征：在城乡收入差距方面，位于第一象限高—高集聚的省域有河北、广西等 12 个省市自治区，位于第三象限低—低集聚的省域有北京、天津等 15 个省市自治区；在城乡消费差距方面，位于第一象限高—高集聚的省域有天津、河南等 15 个省市自治区，位于第三象限低—低集聚的省域有辽宁、吉林等 7 个省市自治区；在经济开放方面，位于第一象限高—高集聚的省域有北京、天津等 8 个省市自治区，位于第三象限低—低集聚的省域有江西、河南等 12 个省市自治区；在国际旅游外汇收入增长方面，位于第一象限高—高集聚的省域有上海、浙江，其他大部分省域位于第三象限低—低集聚区。

（二）空间计量模型估计

1. 空间计量模型选择。因为传统的线性回归模型无法有效处理空间相关性，可能导致估计结果有偏差，所以我们采用空间滞后模型和空间误差模型进行估计。

空间滞后模型 SLM 能探讨各变量在某一省域是否有空间溢出效应，具体形式如下：

$$y = a + \beta X + \rho Wy + \varepsilon \qquad (3-17)$$

其中，X 代表自变量向量；ρ 为空间自回归系数；Wy 是空间权重矩阵。

空间误差模型 SEM 具体形式如下：

$$y = a + \beta X + \varepsilon \qquad (3-18)$$

$$\varepsilon = \lambda W\varepsilon + u \qquad (3-19)$$

其中，λ 为空间误差系数；u 为正态分布的随机误差向量。

2. 估计结果分析。从表 3-12 的估计结果可知，经典线性回归空间依赖性很强；SLM 模型的各种检验值均优于 OLS 和 SEM，施瓦茨信息值和赤池信息值相对变小，拟合优度 Adj-R^2大幅提高、空间滞后系数 P 为 0.4696442，大于空间误差系数 λ（0.4608745），且在 1% 的显著性水平上通过了检验，表明应选择 SLM 模型。

空间滞后模型估计结果显示，经济开放与国际旅游业发展抑制城乡收入差距的作用显著，二者的弹性系数分别为 -0.194453 和 -0.0214296，且在 10% 的显著性水平上通过了检验；经济开放和国际旅游的交互项也具有缩小城乡收入差距的作用，其弹性系数为 -0.019066，且通过了 5% 的显著性水平检验。控制变量城镇化也是缩小城乡收入差距的重要因素。空间自相关系数为 0.4696442，且在 1% 的显著性水平上通过了检验，这表明经济开放程度的提高和国际旅游业发展对城乡收入差距的减缓效应具有空间溢出特征。

表 3-12　　　　模型（Ⅲ）的估计结果

被解释变量	城乡居民收入差距		
	OLS	SLM	SEM
C	0.4256171* (0.1434328)	0.1158908 (0.1339464)	0.6098449* (0.125251)

续表

被解释变量	城乡居民收入差距		
	OLS	SLM	SEM
lnTRAD	-0.1300467 (0.1702228)	-0.194453*** (0.11867)	-0.1717493 (0.1315017)
lnTOUR	-0.02887** (0.010409)	-0.0214296* (0.0073785)	-0.02127** (0.0083169)
lnTOUR × lnTRAD	-0.014565 (0.014905)	-0.019066** (0.01037043)	-0.018023 (0.011706)
lnCITY	-0.616177* (0.179620)	-0.3793844* (0.1335589)	-0.4179807* (0.1509408)
$P(\lambda)$		0.4696442*	0.4608745**
Adj - R^2	0.578716	0.789720	0.717986
F - statistic	11.3027*		
logL	22.1347	29.5364	25.379158
AIC	-34.2694	-47.0728	-40.7583
SC	-27.0995	-38.4688	-33.588380
Moran's I (error)	0.196956*		
LMLAG	14.48746*		
R - LMLAG	13.73994*		
LMERR	2.4050879		
R - LMERR	1.6575684		
LR		14.80337*	6.488918**

注：* 表示 $p<1\%$，** 表示 $p<5\%$，*** 表示 $p<10\%$。

表3-13同时给出了模型（Ⅲ）的三种估计结果。OLS回归的Moran's I指数为0.114970，表明空间依赖性很强；SLM模型的各种检验值均优于OLS和SEM，空间滞后系数P大于空间误差系数λ且在1%的显著性水平上通过了检验，拟合优度Adj - R^2大幅提高，施瓦茨信息值和赤池信息值相对变小，表明该选择空间滞后模型。

从空间滞后模型估计结果可以看出，经济开放和国际旅游业发展均具有缩小城乡消费差距的作用，二者的弹性系数分别为-0.36606和

-0.074628，且在5%的显著性水平上通过了检验；经济开放和国际旅游的交互项同样具有缩小城乡消费差距的作用，其弹性系数为-0.040806，且通过了5%的显著性水平检验。控制变量城镇化也是导致城乡消费差距缩小的重要因素。空间自相关系数为0.4124193，且在1%的显著性水平上通过了检验，这表明经济开放和国际旅游业发展对城乡消费差距的缩小效应具有空间溢出特征。

比较模型（Ⅲ）和模型（Ⅳ）的估计结果，我们不难发现，经济开放和国际旅游业发展及其交互项，以及城镇化对城乡收入差距和城乡消费差距的影响基本一致，表明模型具有较好的稳健性。

表3-13　　　　　模型（Ⅳ）的估计结果

被解释变量	城乡居民消费差距		
	OLS	SLM	SEM
C	0.1203944 (0.1703628)	-0.2143425 (0.19491)	0.2217545 (0.157664)
lnTRAD	-0.35884*** (0.20218)	-0.36606** (0.16045)	-0.34587** (0.17427)
lnTOUR	-0.0778722* (0.012364)	-0.074628* (0.0098639)	-0.074613* (0.01090)
lnTOUR × lnTRAD	-0.040254** (0.01770)	-0.040806* (0.01403)	-0.03971** (0.01542)
lnCITY	-0.4687224** (0.2133442)	-0.33613** (0.17444)	-0.3770*** (0.1939)
$P(\lambda)$		0.4124193*	0.2799883
Adj-R^2	0.816202	0.880841	0.852490
F-statistic	34.3058*		
logL	16.8007	20.5009	17.852916
AIC	-23.6014	-29.0018	-25.7058
SC	-16.4315	-20.3979	-18.535897
Moran's I (error)	0.114970**		
LMLAG	7.2490129*		

续表

被解释变量	城乡居民消费差距		
	OLS	SLM	SEM
R - LMLAG	10.9245985 *		
LMERR	0.8195165		
R - LMERR	4.4951022 **		
LR		7.400367 *	2.104389

注：* 表示 $p < 1\%$ ，** 表示 $p < 5\%$ ，*** 表示 $p < 10\%$ 。

3. 经济开放与国际旅游发展对城乡收入差距的偏效应。下面我们通过分析经济开放与国际旅游发展对城乡收入差距的偏效应，以进一步剖析两者对城乡收入差距的影响程度。根据模型（Ⅲ）可分别得到经济开放与国际旅游发展对城乡收入差距的偏效应为：

$$\partial \ln GAPR / \partial \ln TRAD = b_1 + b_3 \ln TOUR \quad (3-20)$$

$$\partial \ln GAPR / \partial \ln TOUR = b_2 + b_3 \ln TRAD \quad (3-21)$$

根据模型（Ⅳ）可分别得到经济开放与国际旅游发展对城乡消费差距的偏效应为：

$$\partial lnGAPC / \partial \ln TRAD = c_1 + c_3 \ln TOUR \quad (3-22)$$

$$\partial lnGAPC / \partial \ln TOUR = c_2 + c_3 \ln TRAD \quad (3-23)$$

从上述四式可知，经济开放对城乡收入差距、城乡消费差距的偏效应取决于该地区的国际旅游发展水平，而国际旅游发展对城乡收入差距、城乡消费差距的偏效应取决于该地区的经济开放程度。根据上述四式以及表3-12、表3-13中空间滞后模型SLM的估计结果，可以就经济开放与国际旅游发展对城乡收入差距、城乡消费差距的偏效应进行测算。全国各省市经济开放和国际旅游发展对城乡差距的偏效应计算结果见图3-5和图3-6。经济开放对城乡收入差距的偏效应介于-0.05009（北京）至0.045202（宁夏）之间；国际旅游发展对城乡收入差距的偏效应介于-0.02908（北京）至0.036115（河南）之间；经济开放对城乡消费差距的偏效应介于-0.0571（北京）至0.146861（宁夏）之间；国际旅游发展对城乡消费差距的偏效应介于-0.091（北京）至0.048531（河南）之间。

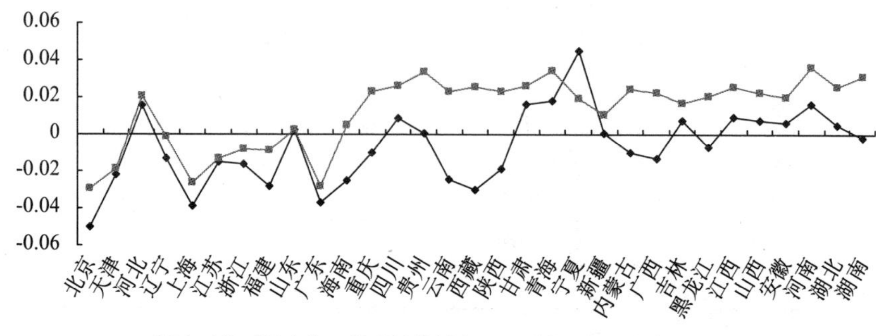

图 3-5　经济开放和国际旅游发展对城乡收入差距的偏效应

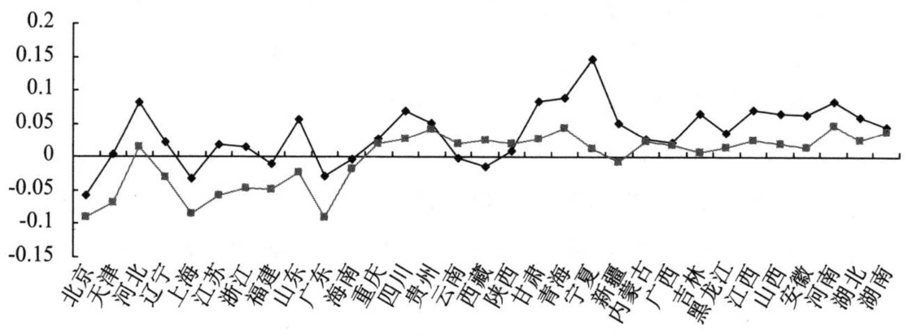

图 3-6　经济开放和国际旅游发展对城乡消费差距的偏效应

四、空间计量结果的进一步分析

实证研究结果显示：国际旅游外汇收入增长率、经济开放、城乡收入差距、国际旅游和经济开放的交互项以及城镇化五个变量在空间随机分布的假设被拒绝，具有明显的空间相关性。经济开放和国际旅游发展是缩小城乡收入差距与消费差距的显著因素，且二者偏效应显著。城镇化也是导致城乡收入差距、消费差距缩小的因素。

（一）经济开放与城乡收入差距

经济开放主要通过四种途径影响城乡收入差距。一是贸易收入分配效应。Stolper - Samuelson 定理表明：在一个国家或地区中，对外贸易会使充裕要素所有者获得福利，稀缺要素所有者遭受损失，经济开放度提高有利于促进劳动密集型产品出口，从而提高这类产品生产者（绝大多数为农民）的工资水平。二是就业效应。外商直接投资的增加和出口贸易的发展将为社会提供更多的就业岗位，大量的农村剩余劳动力转移到城镇现代工业部门，导致他们的收入水平有所提高。三是技术溢出效应。对外贸易和利用外资的技术溢出效应推动了技术密集型产业的发展，提高了技术型劳动力的需求与工资水平；此外还有可能诱致劳动密集型部门产生节约劳动的技术进步，减少了对非技能型劳动力（大部分为农村劳动力）的需求，从而扩大了城乡收入差距。四是产业结构升级效应。经济开放度的提高会引起产业结构由资金密集型、劳动密集型产业向技术密集型产业转化，在短期内会造成结构性失业，进而引起失业型贫困的增加，这将加剧城乡收入差距。由此可见，经济开放既有缩小城乡收入差距的积极作用，同时也具有加剧城乡收入差距的消极影响，而从实证分析结果来看，经济开放对城乡收入差距有抑制作用，这表明其对收入差距的积极作用大于其负面影响。

（二）国际旅游发展与城乡收入差距

国际旅游发展对城乡收入差距的影响主要通过以下三种途径：一是收入效应。随着旅游国际化、全球化的发展，大量境外游客到中国乡村旅游，体验农家生活，其住宿、餐饮、购物、导游及其他劳务费用成为农民增收的主要渠道。二是就业效应。旅游业是产业关联度很强的产业，它的发展会带动住宿、餐饮、交通运输以及娱乐、环保、农业、制造业的发展，产生众多的间接就业机会，而这些行业的就业者主要为缺乏知识技术的农民工。与此同时，大量农村剩余劳动力转移到旅游业或与旅游相关的行业，可以促进土地规模经营，优化产业结构，提高农村生产率。三是农产品价格效应。从事农业生产的农民减少，导致农产品供应紧张，从而推动农产品价格上涨、促进农民增收。综上所述，国际旅游发展具有缩小城乡收入差距的积极作用，而实证检验结果也支持上述观点。

经济开放和国际旅游发展还会通过它们之间的交互作用影响城乡收入差距。一方面，我国广大农村同世界各国各地区经贸文化交流的加强有力地推动了国际旅游业的快速发展。另一方面，国际旅游（尤其是乡村旅游）发展加强了农村同世界各地的经贸往来，促进了农产品的出口，进一步加大了农村地区招商引资力度。因此，经济开放和国际旅游发展通过交互作用，最终起到抑制城乡收入差距的作用，计量分析结果也证实了经济开放和国际旅游的交互项具有缩小城乡收入差距的作用。

（三）城镇化与城乡收入差距

城镇化也是缓解城乡收入差距的因素。一方面，城镇化可以通过就业效应转移农村剩余劳动力，加剧城镇劳动力市场竞争，减轻农村劳动力市场竞争，从而缩小城乡工资性收入差距。另一方面，农村劳动力规模数量的下降可以促进土地规模化和农业产业化经营，从而提高农村劳动生产率，增加农民收入。

五、结语

为了有效抑制收入差距，我们应加快经济开放步伐，特别是农村地区要加大利用外资力度，扩大对外贸易，充分发挥经济开放抑制收入差距的作用，同时要大力发展旅游业，尤其是加大乡村扶贫旅游开发力度，积极发展跨境旅游，发挥国际旅游对城乡收入差距的缓解作用。

第四章

财政金融对城乡收入差距的影响

第一节　财政支农支出缩小城乡收入差距的效果检验

一、引言及文献综述

城乡收入差距持续扩大是经济转轨国家面临的一大难题。对于典型的经济转型国家中国来说，经济发展取得了巨大成就，但城乡差距没有随着经济发展而缩小，相反有加剧的趋势，城乡居民收入比由 1978 年的 2.36∶1 上升至 2011 年的 3.13∶1。经济增长能自动缩小收入差距的传统理论受到了严重的挑战，经济增长与缩小收入差距是中国面临的双重挑战。财政支农是促进农民增收、缩小城乡收入差距的主要措施。近年来，我国财政支农力度不断加大，并大力推进农村发展与改革。2012 年，中央财政和地方财政对“三农”的支出估计超 2.5 万亿元。

关于财政支农缩小城乡收入差距的研究文献相当丰富。国外不少学者对财政支出与收入差距之间的关系进行了探讨。Aaron 和 Mcguire（1970）的研究结果表明公共财政支出扩大了收入差距；Celilia 和 Turnovsky（2007）的研究也得出了相似的结论，旨在提高经济增长率的财政政策往往会导致更不公平的收入分配。与此相反，也有研究表明公共支出显著地缩小了收入差距（Dodge，1975；Gillespie，1976），而 Wu et al.（2006）则认为不同的财政政策对于城乡收入差距的作用效应不同。国内关于财政支农对城乡收入差距的影响主要有两种观点。观点一，财政支农缩小城乡收入差距的效果并不显著。马拴友、于红霞（2003）的研究发现，分税制体制下的财政转移支付和税收返还政策缩小收入差距的效果并不理想；沈坤荣与张璟（2007）的研究表明中国农村公共财政支出在降低城乡收入差距上的作用不明显；甚至部分学者认为财政收支政策拉大了城乡发展差距（傅道忠，2004）。观点二，财政支农具有缩小城乡收入差距的效果。赵人伟等（1997）从个人所得税、农业税等角度解释了财政支农政策对促进农村经济发展、缩小城乡收入差距的重要性。冷志杰等（2005）的研究结果表明，提高财政支农的结构效率和增加财政支农的总量能够有效缩小城乡收入差距。康书生等（2010）通过因果检验和回归分析发现，财政支农支出与农民收入之间存在因果关系，前者是促进后者增长的因素。陆文聪和吴连翠（2008）、黄小舟和王红玲（2005）的研究也得出了相似结论。徐鹏等（2008）的研究发现：从长期来看，财政支出有利于缩小城乡差距，财政收入会拉大城乡收入差距。

上述文献主要是在研究财政支农政策的绩效时讨论了财政支农支出对农民增收以及城乡收入差距的影响，而专门对财政支农支出与城乡收入差距的关系进行系统研究的文献实在罕见，且因样本数据、研究方法、指标设计不同导致结论各异，同时也没有分析财政支农支出影响城乡收入差距的机理。与上述研究不同，本书借鉴索洛经济增长模型，构建了财政支农支出缩小城乡收入差距的数理模型和分析框架，利用省级面板数据检验了财政支农支出总量及其结构变化对城乡收入差距的影响，为优化财政支农支出结构、强化财政支农功能提供科学的决策依据。

二、财政支农支出缩小城乡收入差距的机理

为了阐述财政支农支出对城乡收入差距的影响，本书构建城乡收入差距变化的方程式为：

$$Gapr = F\{R[y(FS), h(FS)], Z\} \tag{4-1}$$

城乡收入差距由农民的收入 R 以及其他因素决定，包括就业制度、社会保障制度、城镇居民收入增长等一系列因素，用变量 Z 表示。每个农民的收入 R 取决于每个农民的产出 $y(FS)$ 和财政对每个农户转移支付及救济力度，用函数 $h(FS)$ 表示，前者表示财政支农缩小城乡收入差距的直接效应，后者表示财政支农缩小城乡收入差距的间接效应。农村产出函数设定为：

$$Y(t) = F[K(t), A(t)L(t)] \tag{4-2}$$

$$\dot{Y}(t)=\frac{\partial Y(t)}{\partial K(t)}\dot{K}(t)+\frac{\partial Y(t)}{\partial L(t)}\dot{L}(t)+\frac{\partial Y(t)}{\partial A(t)}\dot{A}(t) \tag{4-3}$$

将式（4－3）两边同时除以 $Y(t)$ 进行整理，得到：

$$\dot{Y}(t)\equiv a_k(t)\frac{\dot{K}(t)}{K(t)}+a_L(t)\frac{\dot{L}(t)}{L(t)}+R(t)=0 \tag{4-4}$$

假设 $a_k(t)+a_L(t)=1$，$a_k(t)$、$a_L(t)$ 分别表示资本和劳动的产出弹性，则每个农民平均产量的增长率为：

$$\frac{\dot{Y}(t)}{Y(t)}-\frac{\dot{L}(t)}{L(t)}=a_k(t)\left[\frac{\dot{K}(t)}{K(t)}-\frac{\dot{L}(t)}{L(t)}\right]+R(t) \tag{4-5}$$

每个农民平均产量的增长分解为每个农民平均资本增长的贡献和一个余项即索洛剩余。我们令 $R(t)=0$，则农民平均产量的增长完全由资本增长和资本的产出弹性 $a_k(t)$ 决定。而当期资本的形成取决于本期的资本投入和前一期的资本存量。农村资金的来源主要包括农户与集体农业的自我积累、财政支农投入以及其他渠道融资，农村人均资本存量就变为：

$$k_t=(1-\delta)k_{t-1}+C(FS_t,x_{t1},x_{t2}) \tag{4-6}$$

$$\frac{k_t-k_{t-1}}{k_{t-1}}=-\delta+\frac{1}{k_{t-1}}C(FS_t,x_{t1},x_{t2}) \tag{4-7}$$

上式中，x_{t1} 表示农户人均资本的自我积累；x_{t2} 表示农户人均农业信贷融资等；FS 表示人均财政支农投入资金的规模；δ 代表折旧率。

C 是一个增函数，代表资源利用效率，表示当财政和金融系统更有效率时，投资会随财政支农资金、自我积累资金和农业信贷资金增加相应快速增长，从而促进农村经济发展。由式（4－5）和式（4－7）得：

$$\frac{y_t-y_{t-1}}{y_{t-1}}=-a_k(t)\delta+\frac{a_k(t)}{k_{t-1}}C(FS_t,x_{t1},x_{t2}) \tag{4-8}$$

其中，$\frac{y_t-y_{t-1}}{y_{t-1}}=\frac{\dot{Y}(t)}{Y(t)}-\frac{\dot{L}(t)}{L(t)}$　$\frac{k_t-k_{t-1}}{k_{t-1}}=\frac{\dot{K}(t)}{K(t)}-\frac{\dot{L}(t)}{L(t)}$

$C(FS_t,x_{t1},x_{t2})$ 的一阶泰勒展开式为：

$C(FS_t,x_{t1},x_{t2})\approx C(0,0)+C'_{FSt}(0,0)_{FSt}+C'x_{t1}(0,0)x_{t1}+C'x_{t2}(0,0)x_{t2}$

$$\frac{y_t - y_{t-1}}{y_{t-1}} = -\delta a_k(t) + \frac{a_k(t)}{k_{t-1}}[C(0,0) + C'_{FSt}(0,0)_{FSt} + C'x_{t1}(0,0)x_{t1} + C'x_{t2}(0,0)x_{t2}] \quad (4-9)$$

由上式可知上期农村资本存量、财政支农资金、农户的资本积累和农业信贷都是影响农村人均产出增长率 $\frac{y_t - y_{t-1}}{y_{t-1}}$ 的主要因素。

上述模型中主要探讨了直接用于农村的生产性支出对城乡收入差距的影响。实际上，财政支农支出对城乡收入差距的影响途径很多，农村医疗卫生、教育和劳动力培训方面的支出通过提升农村人力资本促进农民增收；农村基本建设支出和农业综合开发支出则通过降低某些投入品的成本、加快农产品的流通、拓宽农民的信息来源渠道等来提高农业和非农业部门的生产率，最终达到促进农民增收的效果。而农业科研支出可以促进农业技术进步，增加农村产出，为农民创收。此外，农业技术进步、生产率提高，可以为农村消费者提供更廉价的食品。至于农村救济和转移支付，则直接提高农民的收入水平。如图 4－1 所示。

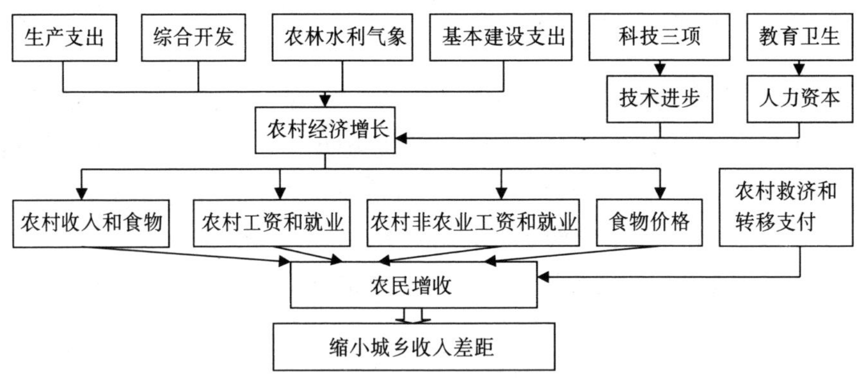

图 4－1　财政支农支出缩小城乡收入差距的分析框架

三、财政支农支出缩小城乡收入差距的效果检验

为了检验财政支农支出缩小城乡收入差距的效果及其区域效应，本书从全国和区域两个层面进行研究。根据国家统计局的标准将全国 31 个

省市自治区分为三大地区①。

（一）模型构建与数据来源

本文建立三个计量模型来检验财政支农支出总量与结构变化对城乡收入差距的影响：

$$Gapr_{it} = a_{it} + a_1 Fsa_{it} + a_2 Market_{it} + a_3 Trade_{it} + a_4 Investment_{it} + a_5 Education_{it} + a_6 Structure_{it} + \delta Year + \psi_{it} \quad (\mathrm{I})$$

$$Gapr_{it} = b_{it} + b_1 RPex_{it} + b_2 ACex_{it} + b_3 AFWMex_{it} + b_4 Market_{it} + b_5 Trade_{it} + b_6 Investment_{it} + b_7 Education_{it} + b_8 Structure_{it} + \gamma_{it} \quad (\mathrm{II})$$

$$Gapr_{it} = c_{it} + c_1 Aex_{it} + c_2 Fex_{it} + c_3 AFWMex_{it} + c_4 Market_{it} + c_5 Trade_{it} + c_6 Investment_{it} + c_7 Education_{it} + c_8 Structure_{it} + \zeta_{it} \quad (\mathrm{III})$$

其中，i 和 t 分别表示省份和时间；ξ 、γ 和 ψ 表示随机误差项。

1. 变量说明。被解释变量，城乡收入差距（*Gapr*）。目前，衡量城乡收入差距的指标主要有城镇居民人均可支配收入与农村居民人均纯收入之比、基尼系数、泰尔指数（贺建清，2012）、城乡居民消费支出比和城乡消费水平比。本书采用大多数文献的做法，以城镇居民人均可支配收入与农村居民人均纯收入之比来测定城乡收入差距。

解释变量。模型Ⅰ中的解释变量 *Fsa* 表示各地财政支农支出总量占财政支出的比例，从总体上反映了地方政府对农村、农业、农民财政支持的力度。由于《中国统计年鉴》统计口径的变化，即2003年以前各省市自治区财政支农支出分为农村生产支出、农业综合开发支出、农林水利气象等部门事业费支出，2003年以后财政支农支出分为农业支出、林业支出、农林水利气象等部门事业费支出，故本书构建了模型Ⅱ和模型Ⅲ来检验财政支农支出结构变化对城乡收入差距的影响。模型Ⅱ中的解释

① 东部地区包括北京、辽宁、河北、天津、江苏、福建、上海、海南、浙江、广东、山东11个省级行政区；中部地区包括黑龙江、河南、山西、江西、吉林、安徽、湖南、湖北8个省级行政区；西部地区包括四川、西藏、甘肃、云南、新疆、贵州、重庆、青海、内蒙古、广西、陕西、宁夏12个省级行政区。

变量 *RPex* 表示各地农村生产支出占财政支出的比例，*ACex* 表示各地农业综合开发支出占财政支出的比例，*AFWMex* 表示各地农林水利气象等部门事业费支出占财政支出的比例；模型Ⅲ中的解释变量 *Aex* 表示各地农业支出占财政支出的比例，*Fex* 表示各地林业支出占财政支出的比例。

控制变量。*Market* 表示市场化水平，本书用各地非国有经济固定资产投资占总固定资产投资的比例来衡量。*Trade* 表示经济开放程度，用贸易依存度表示经济开放程度（即进出口总额/GDP）。*Investment* 表示资本投入，用各地固定资产投资总额占 GDP 的比重来衡量。*Education* 表示教育发展程度，目前主要有以下两种测定方法，一是用普通中等学校在校学生数与总人口的比重表示；二是各地区非文盲人口的比率来衡量。本书用各省教育经费支出占 GDP 的比重来衡量。*Structure* 表示产业结构，多数研究以第一产业从业人员占总从业人员的比例来度量，考虑到每个从业者的产能差异，本书用第二、三产业增加值占 GDP 的比重来衡量。为了考察城乡收入差距是否具有随时间变化的趋势，本书加入了最后一个变量时间趋势项 *Year* 。

2. 数据来源。本书关于全国 31 个省市自治区的城镇居民人均可支配收入、农村居民人均纯收入、各地区 GDP、第二和第三产业的增加值、财政支农支出总量、农村生产支出、农业综合开发支出、农林水利气象等部门事业费支出、农业支出、林业支出、非国有经济固定资产投资、总固定资产投资、进出口贸易总额、教育经费、各年度美元汇率的数据均来源于《中国统计年鉴》（1998～2012 年）。此外，由于《中国统计年鉴》中西藏城镇居民人均可支配收入的数据不全，我们就以《西藏统计年鉴（2011）》的数据为标准。由于重庆 1997 年以前无数据，2012 年《中国统计年鉴》中的教育经费数据是 2010 年的，因此将所有数据的时间跨度定为 1997～2010 年。

（二）面板数据的单位根检验和协整检验

1. 单位根检验。为了避免出现伪回归现象，我们首先对面板数据进行单位根检验和协整检验。本书采用 LLC、ADF－Fisher 和 PP－Fisher 三种方法同时检验各个变量的稳定性。LLC 仍然采用 ADF 检验形式，是针对相同单位根情形下的单位根检验，而 ADF – Fisher 和 PP – Fisher 是适用于不同根情形下的单位根检验。从表 4 – 1 中的检验结果可以知道，在 1% 的显著性水平上，三种检验方法都表明，除变量 AFWMex 外，其他变量 Fsa、Market、Trade、Investment、Education、Structure、Rpex、Acex、Aex、Fex 的水平值都拒绝含有单位根的假设，而 LLC 和 PP – Fisher 两种检验方法都显示 AFWMex 的水平值不含单位根，因此我们有充分的理由判断各变量是平稳的。

表 4 – 1　　面板单位根检验结果

变量	LLC	ADF – Fisher Chi – square	PP – Fisher Chi – square	结论
Gapr	– 11. 7031 * (0. 0000)	230. 564 * (0. 0000)	251. 572 * (0. 0000)	平稳
Fsa	– 16. 6540 * (0. 0000)	366. 312 * (0. 0000)	413. 861 * (0. 0000)	平稳
Market	– 11. 0178 * (0. 0000)	221. 150 * (0. 0000)	260. 601 * (0. 0000)	平稳
Trade	– 16. 8943 * (0. 0000)	346. 313 * (0. 0000)	396. 392 * (0. 0000)	平稳
Investment	– 5. 79184 * (0. 0000)	144. 044 * (0. 0000)	175. 586 * (0. 0000)	平稳
Education	– 13. 9437 * (0. 0000)	272. 931 * (0. 0000)	278. 513 * (0. 0000)	平稳
Structure	– 8. 73179 * (0. 0000)	151. 866 * (0. 0000)	187. 120 * (0. 0000)	平稳
RPex	– 15. 6386 * (0. 0000)	282. 234 * (0. 0000)	331. 909 * (0. 0000)	平稳
ACex	– 10. 9452 * (0. 0000)	159. 520 * (0. 0000)	233. 947 * (0. 0000)	平稳
AFWMex	– 6. 69705 * (0. 0000)	72. 6873 (0. 1664)	94. 7572 * (0. 0047)	平稳

续表

变量	LLC	ADF - Fisher Chi - square	PP - Fisher Chi - square	结论
Aex	-70.0284* (0.0000)	109.554* (0.0002)	126.225* (0.0000)	平稳
Fex	-27.4367* (0.0000)	126.144* (0.0000)	151.165* (0.0000)	平稳

注：滞后项的选择采用施瓦茨（Schwarz）最小信息准则确定。

2. 协整检验。本书采用 Kao 检验法分别对上述三个模型进行面板协整检验（见表 4 -2）。Kao 检验实际上是在 Engel and Granger 两步法基础上发展起来的。其辅助回归方程形式如下：

$$\hat{u}_{it} = \rho_i \hat{u}_{it-1} + \sum_{j=1}^{p_i} \varphi_{ij} \Delta \hat{u}_{it-j} + \Delta v_{it} \quad i = 1, \cdots, N$$

其中，ρ_i 是对应于第 i 个截面个体的残差自回归系数。Kao 检验结果显示，三组变量在 5% 的显著性水平上都存在长期的均衡关系。

表 4 -2　　Kao 检验结果

变量	检验假设	统计量名	统计量值	概率
Gapr、Fsa、Market、Trade、Investment、Education、Structure、Year	H_0：不存在协整关系（$\rho = 1$）	ADF	-2.216479	0.0133
Gapr、RPex、ACex、AFWMex、Market、Trade、Investment、Education、Structure			-3.526082	0.0002
Gapr、Aex、Fex、AFWMex、Market、Trade、Investment、Education、Structure			-3.237245	0.0006

（三）回归结果分析

1. 财政支农支出总量对城乡收入差距的影响估计。本书运用固定效应的 OLS 法和 TSLS 法（工具变量为滞后一期的解释变量和控制变量），利用全国、东部、中部、西部的面板数据对模型 I 同时进行估计，回归结果见表 4 -3。OLS 和 TSLS 估计显示，无论是从全国层面还是分区域层面来看，财政支农支出都具有缩小城乡收入差距的效应，其中，西部地区财政支农支出缩小城乡收入差距的效果最为突出，中部地区次之；西部地区财政支农支出对城乡收入差距的弹性系数分别为 -4.049523 和 -12.82268，中部地区的弹性系数分别为 -2.758901 和 -8.673585，东部地区的弹性系数分别为 -2.564281 和 -4.068724。控制变量，市场化程度、经济开放水平、资本投入在东部地区显著拉大了城乡收入差距，在中部（OLS 法估计）和西部地区（TSLS 法估计）资本投入则缩小了城乡收入差距。教育发展水平在东部和中部地区加剧了城乡收入差距，而在西部地区起到了缩小城乡收入差距的作用，主要原因是近年来国家加大了对西部地区农村教育的扶持力度。产业结构变化，无论是从全国视角还是区域视角分析，都具有扩大城乡收入差距的作用。至于时间趋势项，全国和分区域的估计结果表明，城乡居民收入差距都有随时间扩大的趋势，而西部地区城乡居民收入差距扩大的趋势更加突出。

表 4-3　　财政支农支出总量对城乡收入差距的影响估计

变量	全国		东部		中部		西部	
	OLS	TSLS	OLS	TSLS	OLS	TSLS	OLS	TSLS
C	1.442925*	1.810992*	-0.032043	-0.827388	-0.553525	0.591922	2.497957**	2.481723
	(0.461119)	(0.685168)	(0.520494)	(0.697878)	(0.578315)	(1.359432)	(0.958901)	(2.481723)
Fsa	-4.253307*	-9.279413*	-2.564281*	-4.068724*	-2.758901*	-8.673585*	-4.049523*	-12.82268*
	(0.541624)	(1.465506)	(0.535257)	(0.837270)	(0.936045)	(3.514846)	(0.959349)	(3.994493)
Market	0.390921**	0.215358	0.417145*	0.507914*	0.532915*	0.436713	0.040166	-0.530829
	(0.160949)	(0.372588)	(0.113516)	(0.186529)	(0.156219)	(0.851534)	(0.460289)	(1.096168)
Trade	0.095129	-0.052355	0.133229*	0.114340***	-0.284380	-1.460365	-0.962374	0.127569
	(0.096890)	(0.161683)	(0.044221)	(0.067247)	(0.587768)	(2.042348)	(0.802586)	(1.918440)
Investment	-0.013921	0.060925	0.214102**	0.237622**	-0.781383*	-0.324728	-0.612483	-1.538790**
	(0.124761)	(0.174949)	(0.089320)	(0.117493)	(0.184452)	(0.459802)	(0.378955)	(0.782079)
Education	-0.918825	-1.551360	3.671292*	3.118730*	9.134752*	7.558247	-7.627166*	-9.478237***
	(1.225740)	(1.802684)	(0.847676)	(1.171114)	(2.534043)	(6.046251)	(2.654013)	(5.064933)
Structure	1.656255*	1.700863***	2.050842*	3.032347*	3.354988*	2.407798	2.318593***	3.792187
	(0.606342)	(0.933277)	(0.619323)	(0.858097)	(0.719672)	(1.742901)	(1.372321)	(2.882391)
Year	0.034986*	0.053166*	0.028048*	0.025101*	0.048987*	0.070131*	0.060118*	0.116297*
	(0.006623)	(0.011427)	(0.004745)	(0.006470)	(0.008884)	(0.021626)	(0.020300)	(0.041825)
obs	434	403	154	143	112	104	168	156

续表

变量	全国		东部		中部		西部	
	OLS	TSLS	OLS	TSLS	OLS	TSLS	OLS	TSLS
A－R^2	0.909264	0.882279	0.931246	0.925185	0.896407	0.834307	0.754825	0.558669
F－statistic	118.2728*	102.8846*	122.9019*	101.1224*	69.60686*	51.13028*	29.56368*	25.65322
LR	60.780516*	—	72.798902*	—	28.784375*	—	22.125966*	—
WALD－TEST	—	15.30942*	—	12.05120*	—	4.706842*	—	4.007748

注：括号内为标准差，*表示在1%的水平上显著，**表示在5%的水平上显著，***表示在10%的水平上显著。

2. 财政支农支出结构变化对城乡收入差距的影响估计。由于《中国统计年鉴》中2003年以前各省市自治区财政支农支出分为农村生产支出、农业综合开发支出、农林水利气象等部门事业费支出，2003年以后财政支农支出分为农业支出、林业支出、农林水利气象等部门事业费支出，而2007年以后各省市自治区财政支农支出没有分类，所以本书分两个时间段来考察财政支农支出结构变化对城乡收入差距的影响：第一个时间段为1997～2002年；第二个时间段为2003～2006年。鉴于时间跨度缩短，样本观察值太少，解释变量和控制变量多，分区域回归和TSLS法估计都会因为样本观察值太少而影响估计结果的准确性。因此，本书仅采用OLS法对全国面板数据进行估计，并且由于时间跨度短模型中也没有加入时间趋势项。从表4－4中的估计结果来看，1997～2002年，农村生产性支出显著地缩小了城乡收入差距；农林水利气象等部门事业费支出则扩大了城乡收入差距，主要是因为农林水利气象等部门事业费支出不仅惠及农村居民，还惠及城镇居民，资金大部分被用于农林水利气象等部门管理人员（多为城镇居民）工资以及其他行政管理费用，与农村生产、农业发展相联系的支出较少；而农业综合开发支出对城乡收入差距没有显著影响；控制变量市场化程度、经济开放水平、产业结构变化则显著加剧了城乡收入差距。2003～2006年，农业支出缩小城乡收入差距的效果明显；林业支出对城乡收入差距没有显著影响，这主要是由于林业生产周期长、投资回收慢；农林水利气象等部门事业费支出对城乡收入差距影响并不明显。

表 4-4　　财政支农支出结构变化对城乡收入差距的影响估计

变量	时间段（1997~2002 年）	变量	时间段（2003~2006 年）
C	-1.863671* (0.537111)	C	3.194080* (0.957812)
RPex	-8.229035* (2.030412)	Aex	-10.44770** (4.977766)
ACex	3.543577 (4.399352)	Fex	-0.905493 (0.917185)
AFWMex	1.815871*** (0.952864)	AFWMex	-3.520220 (6.686842)
market	0.569973* (0.157794)	market	-0.153181 (0.206897)
trade	0.297211*** (0.176843)	trade	0.307380 (0.222807)
Investment	-0.159720 (0.260737)	Investment	0.188842 (0.259693)
Education	3.286379 (2.092517)	Education	-1.422764 (2.053289)
Structure	5.255559* (0.683964)	Structure	0.364537 (1.072865)
obs	186	obs	124
A-R^2	0.977958	A-R^2	0.967996
F-statistic	217.0020	F-statistic	98.90076
LR	113.765537	LR	42.722862

注：括号内为标准差，*表示在1%的水平上显著，**表示在5%的水平上显著，***表示在10%的水平上显著。

四、实证检验结果的进一步分析

（一）实证研究结果表明，财政支农支出缩小城乡收入差距的效果显著

改革开放以来，财政支农支出占国家财政支出的比重一直较低（见表4-5），2000~2003 年财政支农支出比重均低于5%（除2002 年外），

且地方政府缺乏对农业和农村进行财政投入的积极性。与国外相比，我国财政支农力度明显偏低。发展中国家财政支农资金占财政总支出的比例，一般都保持在10%左右，第三世界国家，如巴基斯坦、泰国、印度等国，财政支出中支农资金均占到15%，远高于我国的水平。2008年，我国财政支农支出仅占当年农业总产值的13.2%，而以色列、日本等农业发达国家农业财政支出占农业产值的比重高达45%～95%①。因此，我国要建立国家支农资金稳定增长机制，加大财政支农力度；同时多渠道拓展财政支农资金的来源，建立以国家财政投入为引导，银行信贷、民间社会资本等各类资金为补充的多元化、多渠道财政支农体系。分地区估计结果显示，中、西部地区财政支农支出缩小城乡收入差距的效果要大于东部。因此，要充分发挥财政支农支出在统筹城乡协调发展、缩小城乡收入差距过程中的积极作用，在进行资金投放时可以适度向绩效大的地区倾斜。

表4-5　　财政支农支出占国家财政支出总额的比重

年份	国家财政支出总额（亿元）	财政支农支出（亿元）	财政支农支出比重（%）
1978	1122.09	76.95	0.068577
1980	1228.83	82.12	0.066828
1985	2004.25	101.04	0.050413
1990	3083.59	221.76	0.071916
1991	3386.62	243.55	0.071915
1992	3742.2	269.04	0.071894
1993	4642.3	323.42	0.069668
1994	5792.62	399.7	0.069002
1995	6823.72	430.22	0.063048
1996	7937.55	510.07	0.06426
1997	9233.56	560.77	0.060732
1998	10798.18	626.02	0.057975

① 数据来源：随新玉．美欧（盟）财政支农政策比较与启示［J］．财政研究，2004（5）．

续表

年份	国家财政支出总额（亿元）	财政支农支出（亿元）	财政支农支出比重（%）
1999	13187.67	677.46	0.051371
2000	15886.5	766.89	0.048273
2001	18902.58	917.96	0.048563
2002	22053.15	1102.7	0.050002
2003	24649.95	1134.86	0.046039
2004	28486.89	1693.79	0.059459
2005	33930.28	1792.4	0.052826
2006	40422.73	2161.35	0.053469
2007	49781.35	3404.7	0.068393
2008	62592.66	4544.01	0.072597
2009	76299.93	6720.41	0.088079
2010	89874.16	8129.58	0.090455
2011	109247.8	9937.55	0.090963

资料来源：根据《中国统计年鉴》的数据整理。

（二）从财政支农支出结构来看，农村生产性支出显著地缩小了城乡收入差距；农林水利气象等部门事业费支出则扩大了城乡收入差距，而农业综合开发支出对城乡收入差距没有显著影响

鉴于财政支农支出结构对缩小城乡收入差距的不同作用效果，因此，要优化财政支农支出结构，提高支农资金利用效率。国家财政支农的重点应放在农业、林业生产领域，促进与农业、林业关联度较高的产业发展，逐步带动农民致富；规范农业综合开发资金管理；压缩农林水利气象等部门事业费支出；逐步减少农村救济费用支出，加大农业科技三项费用支出。农业综合开发支出对城乡收入差距没有显著影响，弹性系数为负（加大了城乡收入差距），一方面是由于农业综合开发项目周期长、见效慢，另一方面是资金运用存在违规违纪现象，如挤占、挪用资金等，所以要规范农业综合开发资金的使用。根据国家审计署对全国50个县的调查结果显示，2001年和2002年财政支农资金投入中，平均有26.7%和27.6%的资金被用于农林水利气象等部门的事业费。农林水利气象等部

门事业费支出主要用于各级农业、林业、水利、气象等行政事业单位经费开支，不但没有起到缩小城乡收入差距的作用，反而加剧了收入差距。因此，在财政支农资金有限的条件下必须压缩这部分支出。2000～2006年，财政用于农村救济费平均每年为86.51亿元，科技三项费用的平均水平为14.19亿元[①]。虽然社会救济也是促进农民增收的重要手段，这种“输血式”的扶贫通过发放资金、食物等可在短期内解决农村贫困人口的基本生活问题，但它不能从根本上提升农民的谋生能力，解决城乡收入差距问题；而农业科技费用支出对于促进农业技术进步、提高农业综合生产能力具有重要作用，可以从根本上缓解城乡收入差距问题。同时，合理引导财政支农资金流向。在我国，相当比重的农业基础建设投资与农业生产无直接关系。中央财政在2001～2008年用于农业基础设施建设的5145亿元投资中，直接用于农业综合生产能力建设的仅占11%[②]。地方政府在财政支农资金流向上“重基本建设、轻公共服务和人力资本”。因此，要提高财政支农资金直接投放到农村生产领域的比重。

五、结语

要提高财政支农支出缩小城乡收入差距的效果，首先，加大财政支农力度，建立国家支农资金稳定增长机制；同时，在配置和使用财政支农资金时应注重效率，优化支出结构，强化和完善对财政支农资金的监督和管理；此外，多渠道拓展财政支农资金的来源，建立以国家财政投入为引导，银行信贷、民间社会资本等各类资金为补充的多元化、多渠道财政支农体系，整合支农资源，形成支农合力。

---

① 数据来源：中国论文下载中心．财政支农资金存在的问题及对策研究［EB/OL］．http：//www. chinaacc. com/new/287_291_/2009_2_6_wa6543515962900215 55. shtml，2009，2（69）：48.

② 数据来源：马智宇，周小平，卢艳霞．我国财政支农存在的问题与对策［J］．经济纵横，2011（4）．

第二节 城乡二元金融结构与城乡收入差距——基于改革开放30年的实证研究

一、引言

自改革开放以来，我国经济持续保持高速增长，居民收入和生活水平有了显著提高。但经济发展极不平衡，地区间、行业间、城乡间的收入差距在持续扩大。其中，城乡收入差距对中国居民收入差距增加值的贡献率最大。2010年，中国城乡居民人均收入比达到3.228:1，人均收入绝对差为13190元。金融是现代经济的核心。城镇金融深化与农村金融抑制的二元金融结构与城乡分割的二元经济之间存在必然联系，是导致城乡收入差距的诱因。因此，金融发展对城乡收入差距的影响被广泛关注，不少学者对此进行了深入研究。

关于金融发展对城乡收入差距的影响，因研究视角、方法不同导致研究结论也大不相同。陈志刚等（2008）运用1990~2004年中国分省面板数据，实证分析了中国省级区域金融发展、人力资本和城乡收入差距之间的关系，得出金融发展缩小了城乡收入差距的结论。更多学者则认为金融发展扩大了城乡收入差距。陈伟国和樊士德（2009）通过面板回归得出中国的金融发展规模显著拉大了城乡收入差距的观点。钱水土等（2011）利用面板数据，采用广义矩估计（GMM）研究金融非均衡发展对城乡收入差距的影响，实证结果表明城乡金融非均衡发展拉大了城乡居民收入差距。张立军等（2006）从农村自身经济发展层面出发，运用1978~2004年的相关数据分析，结果显示农村金融发展扩大了城乡收入差距。此外，也有研究表明中国金融发展水平对城乡收入差距的影响并不显著（陆铭、陈钊，2004）。上述研究没有区分城乡金融发展的差异性，仅仅从农村金融角度、整体或均衡角度分析金融发展对城乡收入差距的影响。而从城乡二元金融结构、城乡金融发展差异研究城乡收入差距成因的文献实在罕见，仅有以下文献：楼裕胜（2008）认为中国的“城市偏向型”金融发展战略导致了城乡金融规模与效率差异的进一步加剧，从而拉大了城乡收入的差距；张前程等（2010）实证分析结果显示，城乡金融非均衡发展与城乡收入差距之间存在长期协整关系，金融发展规模非均衡和效率非均衡都在一定程度上拉大了城乡收入差距。鉴于此，本书结合城镇化水平和政府经济行为，从城乡金融发展差异视角研究城乡收入差距成因，并采用泰尔指数对城乡收入差距、城乡金融规模差异和城乡金融效率差异进行测定。

二、变量选取、数据来源与模型构建

（一）变量选取

1. 被解释变量——城乡收入差距。本书选择泰尔指数（GAPTL）作为衡量我国城乡收入差距的指标。其定义和计算公式为：

$$GAPTL_t = \sum_{j=1}^{2}\left[\frac{POPU_{j,t}}{POPU_t}\right]\ln\left[\left(\frac{POPU_{j,t}}{POPU_t}\right)\Big/\left(\frac{R_{j,t}}{R_t}\right)\right] \quad (4-10)$$

其中，$j=1$、2 分别代表农村和城镇，t 表示年份，$POPU_j$表示农村居民或城镇居民总人口数，$POPU$ 表示城乡居民总人口数，R_j表示农村居民或城镇居民总收入，R 表示城乡居民总收入。其中城乡居民总收入等于城镇居民总收入加上农村居民总收入，城镇居民总收入等于城镇总人口乘以城镇居民人均收入，农村居民总收入等于农村总人口乘以农村居民人均收入。

2. 解释变量。

（1）城乡金融发展规模差异。城乡金融发展规模差异的衡量指标主要有两种：一是利用农村贷款占农村 GDP 的比重除以城市贷款占城市 GDP 的比重来表示，如张前程和徐德云（2010）；二是采用城乡金融发展规模差异系数来衡量城乡金融规模差异，其计算公式为：$VFD = \frac{\sqrt{\mathrm{var}(FD)}}{\overline{FD}}$，其

中 $\overline{FD}$ 为城乡金融发展规模（贷款/GDP）的均值，$var(FD)$ 为城乡金融发展规模的方差（楼裕胜，2008）。与上述两种方法不同的是，泰尔指数不仅反映了城乡两大区域之间以及区域内各地区金融发展规模的不平等程度，而且保证了与城乡收入差距泰尔指数研究指标的一致性，所以，我们用泰尔指数测量城乡金融发展规模差异。其计算公式如下：

$$FDTL_t = \sum_{j=1}^{2}\left[\frac{GDP_{j,t}}{GDP_t}\right]\ln\left[\left(\frac{GDP_{j,t}}{GDP_t}\right)\Big/\left(\frac{LOAN_{j,t}}{LOAN_t}\right)\right] \tag{4-11}$$

其中，GDP_j 表示城镇或农村国内生产总值，GDP 表示全国国内生产总值，$LOAN_j$ 表示城镇或农村贷款，$LOAN$ 表示城乡总贷款。由于统计年鉴没有农村 GDP，故以第一产业的 GDP 加上乡镇企业的增加值来代替，城镇 GDP 等于全国 GDP 减去农村 GDP。因统计制度的变迁，农村贷款在 1989 年以前是以农业银行贷款加上农村信用社贷款来统计，1989 年起是以农业贷款加上乡镇企业贷款来表示。城镇贷款为金融机构全部贷款减去农村贷款后的余额。

（2）城乡金融发展效率差异。从已有文献来看，主要有两种方法测量城乡金融发展效率差异：一是以农村储蓄与农村贷款之比除以城镇储蓄与城镇贷款之比衡量城乡金融发展效率差异；二是采用城乡金融发展效率差异系数来衡量城乡金融发展效率差异，计算方法为：$VFE = \frac{\sqrt{var(FE)}}{\overline{FE}}$，其中 $\overline{FE}$ 为城乡金融发展效率的均值，$var(FE)$ 为城乡金融发展效率的方差。而本书为了保证研究口径的一致性，同样采用泰尔指数测度城乡金融发展效率差异，其计算公式如下：

$$FETL_t = \sum_{j=1}^{2}\left[\frac{DEPO_{j,t}}{DEPO_t}\right]\ln\left[\left(\frac{DEPO_{j,t}}{DEPO_t}\right)\Big/\left(\frac{LOAN_{j,t}}{LOAN_t}\right)\right] \tag{4-12}$$

其中，$DEPO_j$ 表示城镇或农村存款，$DEPO$ 表示城乡总存款。农村存款在 1989 年以前是以农村信用社存款与农业银行存款之和来统计，1989 年起是以农业贷款加上农户储蓄来表示。城镇贷款等于金融机构各项贷款总额减去农村贷款。

3. 控制变量。

（1）城镇化水平（URB）。我们采用就业城镇化率来度量。其定义和计算公式为：

$$城镇化水平 = \frac{非农业就业人口}{总就业人口} \tag{4-13}$$

（2）政府的经济行为（GOV）。受陆铭、陈钊的启发，政府偏向城镇的各项政策会加大城乡收入差距，故以政府的经济行为作为控制变量。我们用财政支出占 GDP 的比率作为衡量政府经济行为的指标。其中，财政支出包括地方财政支出和中央财政支出。

（二）数据来源

本书所有数据均来源于《中国统计年鉴》《中国金融年鉴》《2006 年中国农业发展报告》以及国家统计局和人民银行公布的数据，部分数据来源于王千六的博士论文[①]。改革开放 30 年来中国城乡经济发生了翻天覆地的变化，本书拟以 1978～2008 年为时间跨度，但因部分年份的数据缺失或不完整，只能以 1980～2005 年的数据作为研究样本。

（三）模型构建

1980 年西姆斯将 VAR 模型引入经济学中，推动了经济系统动态性分析的广泛应用。根据 Sims，C. A.（1980）的方法，将 VAR（p）模型设为：

$$Y_t = \prod_1 Y_{t-1} + \prod_2 Y_{t-2} + \cdots + \prod_p Y_{t-p} + \ell X_t + \varepsilon_t \tag{4-14}$$

$$t = 1,2,\cdots,T,\varepsilon_t \sim IND(0,\Omega)$$

其中，$Y =$（GAPTL，URB，FDTL，FETL，GOV）′是五维内生变量列向量，GAPTL、URB、FDTL、FETL、GOV 分别表示城乡收入差距泰尔指数、城镇化水平、城乡金融规模差异泰尔指数、城乡金融效率差异泰尔指数、政府的经济行为。p 是滞后阶数，X_t是 n 维外生列向量，代表常数项，趋势项等确定性趋势，T 是样本个数。$\prod$ 与 ℓ 代表 5×5 和 $5 \times d$ 矩阵，ε_t 是五维扰动列向量。

---

① 王千六．基于城乡经济二元结构背景下的城乡金融二元结构研究［D］．西南大学，2009.

VEC 模型是含有协整约束的 VAR 模型，多应用于具有协整关系的非平稳时间序列分析。我们构建 VEC 模型如下：

$$\Delta Y_t = \alpha ECM_{t-1} + \sum_{i=1}^{p-1} \Gamma_i \Delta Y_{t-i} + \varepsilon_t \tag{4-15}$$

其中，误差修正项向量 $ECM_{t-1} = \beta' Y_{t-1}$，$\Gamma_i = -\sum_{j=i+1}^{p} \prod_j$，$\alpha$ 和 β 为 $5 \times r$ 矩阵。

三、实证检验

（一）变量的单位根检验

本书利用 Eviews5.0 软件分别对变量 GAPTL、URB、FDTL、FETL、GOV 的水平值和一阶差分进行 ADF 单位根检验。从表 4－6 中的检验结果可以看出，各时间序列变量的一阶差分在 5% 的显著性水平上都是平稳的。

表 4－6　　单位根 ADF 检验结果

变量	检验类型（C，T，K）	ADF 检验值	1% 临界值	5% 临界值	10% 临界值
GAPTL	（C，N，1）	－1.270338	－3.737853	－2.991878	－2.635542
D（GAPTL）	（C，N，2）	－3.736881**	－3.769597	－3.004861	－2.642242
URB	（C，N，5）	－0.577694	－3.808546	－3.020686	－2.650413
D（URB）	（C，N，4）	－5.471511*	－3.808546	－3.020686	－2.650413
FDTL	（C，N，0）	－1.517923	－3.724070	－2.986225	－2.632604
D（FDTL）	（C，N，0）	－4.069523*	－3.737853	－2.991878	－2.635542
FE_{TL}	（C，N，5）	－2.157398	－3.808546	－3.020686	－2.650413
D（FETL）	（C，N，4）	－5.024018*	－3.808546	－3.020686	－2.650413
GOV	（C，N，1）	－1.133465	－3.737853	－2.991878	－2.635542
D（GOV）	（C，N，0）	－3.440029**	－3.737853	－2.991878	－2.635542

注：检验类型（C，T，K）分别表示单位根检验方程包括常数项、时间趋势项和滞后阶数，加入滞后变量是为了使残差项成白噪声，N 是指不包括 C 或 T，D 表示一阶差分，k 根据 AIC、SC 值选取，* 表示在 1% 显著性水平上拒绝原假设，** 表示在 5% 显著性水平上拒绝原假设。

（二）变量的协整检验

由表4-6可知，变量GAPTL、URB、FDTL、FETL、GOV都属于I（1）时间序列，构成了五变量之间协整关系检验的先决条件。本书采用Johansen检验法（1988）对五变量进行协整检验。在检验之前，根据AIC、SC信息准则确定VAR模型的最优滞后阶数为2，并对VAR模型的稳定性进行了检验，结果显示VAR模型所有的根都位于单位圆内，表明模型是稳定的。

从检验结果表4-7可以看出，在1%的显著性水平上，迹检验和最大特征根检验都表明五个变量GAPTL、URB、FDTL、FETL、GOV之间存在四个协整关系。根据经济意义和特征值确定协整方程，并将其正则化，得到协整方程的具体形式如下：

表4-7　　变量的Johansen协整检验结果

零假设	特征值	迹			最大特征根		
		统计量	5%临界值	概率值	统计量	5%临界值	概率值
无	0.992718	201.9895	60.06141	0.0000	113.2143	30.43961	0.0000
最多1个*	0.820757	88.77526	40.17493	0.0000	39.53732	24.15921	0.0002
最多2个*	0.714528	49.23793	24.27596	0.0000	28.83308	17.79730	0.0008
最多3个*	0.563598	20.40486	12.32090	0.0018	19.07138	11.22480	0.0018
最多4个	0.056329	1.333475	4.129906	0.2902	1.333475	4.129906	0.2902

说明：*表示在1%显著性水平上拒绝原假设。

$$GAPTL = -7.7287URB + 4.7157FDTL + 0.7227FETL + 14.2474GOV$$
$$\quad (1.3663)^{*} \quad (1.5573)^{*} \quad (3.9227) \quad (1.6613)^{*} \tag{4-16}$$

其中，括号内为标准误。在5%的显著性水平上，除城乡金融效率差异泰尔指数外，协整方程中各解释变量系数都通过了显著性检验。检验结果表明上述变量之间存在长期均衡关系。城乡收入差距泰尔指数与城乡金融规模差异泰尔指数、城乡金融效益差异泰尔指数、政府干预经济程度呈正相关关系，与城镇化水平呈负相关关系。城镇化水平每增加

1%，城乡收入差距泰尔指数降低 7.7287%；城乡金融规模差异泰尔指数每增加 1%，城乡收入差距泰尔指数上升 4.7157%；政府对经济的干预程度每增加 1%，城乡收入差距泰尔指数上升 14.2474%。城乡收入差距泰尔指数受城乡金融效率差异泰尔指数的影响较小，城乡金融效率差异泰尔指数每增加 1%，城乡收入差距泰尔指数仅上升 0.7227%，且不显著。

（三）变量的格兰杰检验

如果一个变量受到其他变量的滞后影响，则它们具有 Granger 因果关系。Granger 因果关系检验实质上是检验一个变量的滞后变量是否可以引入其他变量方程中。我们利用 F 检验来判断五变量 GAPTL、URB、FDTL、FETL、GOV 之间是否存在 Grange 因果关系。检验结果如表 4－8 所示，在 10% 的显著性水平上，URB 是 GAPTL 的 Granger 原因；在 5% 的显著性水平上，FDTL 是 GAPTL 的 Granger 原因；在 1% 的显著性水平上，FETL 是 GAPTL 的 Granger 原因。这表明，城镇化水平是导致城乡收入差距缩小的 Granger 原因，而城乡金融规模和金融效率差异是导致城乡收入差距扩大的 Granger 原因。

表 4－8　　Granger 因果检验结果

原假设	滞后期数	Obs	F－Statistic	Probability	结论
URB 不是 GAP_{TL} 的 Granger 原因	1	25	3.83576	0.06297	***
GAPTL 不是 URB 的 Granger 原因	1	25	3.70087	0.06742	***
FDTL 不是 GAPTL 的 Granger 原因	1	25	6.84399	0.01577	**
GAPTL 不是 FDTL 的 Granger 原因	1	25	7.41270	0.01243	**
FETL 不是 GAPTL 的 Granger 原因	1	25	9.46948	0.00551	*
GAPTL 不是 FETL 的 Granger 原因	1	25	4.23325	0.05168	**

注：* 表示在 1% 的显著性水平上拒绝原假设，** 表示在 5% 的显著性水平上拒绝原假设，*** 表示在 10% 的显著性水平上拒绝原假设。

（四）向量误差修正模型

根据协整关系建立施加约束的误差修正模型如下（括号内为相应变量系数的 t 统计量）：

$$GAPTL_t = 0.012 + \underset{(0.995)}{0.0025ECM_{t-1}} + \begin{bmatrix} 0.464 \\ (1.91)^{*} \\ -0.320 \\ (-1.43) \\ 0.031 \\ (0.458) \\ -0.0153 \\ (-0.109) \\ -0.486 \\ (-1.971)^{*} \end{bmatrix}' \begin{bmatrix} \Delta GAPTL_{t-1} \\ \\ \Delta URB_{t-1} \\ \\ \Delta FDTL_{t-1} \\ \\ \Delta FETL_{t-1} \\ \\ \Delta GOV_{t-1} \end{bmatrix}$$

$$+ \begin{bmatrix} -0.558 \\ (-2.01)^{*} \\ -0.294 \\ (-1.11) \\ -0.106 \\ (-2.158)^{*} \\ 0.0169 \\ (0.250) \\ 0.414 \\ (1.84)^{*} \end{bmatrix}' \begin{bmatrix} \Delta GAPTL_{t-2} \\ \\ \Delta URB_{t-2} \\ \\ \Delta FDTL_{t-2} \\ \\ \Delta FETL_{t-2} \\ \\ \Delta GOV_{t-2} \end{bmatrix} \qquad (4-17)$$

误差修正项 ECM_{t-1} 为：

$$ECM_{t-1} = GAPTL_{t-1} + 7.7287URB_{t-1} - 4.7157FDTL_{t-1} - 0.7227FETL_{t-1} - 14.2474GOV_{t-1} + 0.1665$$

在该模型中，AIC 和 SC 值分别为 -6.993472 和 -6.401040，这表明

向量误差修正模型的整体效果较好。从向量误差修正模型可以看出，当城乡收入差距泰尔指数短期偏离长期均衡值时，协整方程将会以 0.0025 的速度进行反向调整。城乡收入差距泰尔指数的短期波动主要受到来自其自身滞后 1 期和 2 期的影响。城乡金融效率差异泰尔指数和城镇化水平对城乡收入差距泰尔指数没有影响（滞后 1 期和 2 期的城乡金融效率差异泰尔指数和城镇化水平的系数较小，且没有通过显著性检验），滞后 2 期的城乡金融规模差异泰尔指数对当期城乡收入差距泰尔指数产生了负面影响，其弹性系数为 -0.106，说明在短期内城乡金融规模差异泰尔指数具有缩小城乡收入差距泰尔指数的作用，这主要是因为金融规模的扩张在短期内无法促进经济增长，甚至产生负面效应。短期内，政府经济行为对城乡收入差距泰尔指数的影响不能确定，其滞后 1 期和 2 期的弹性系数分别为 -0.486 和 0.414。

四、实证检验结果分析

（一）城乡二元金融结构与城乡收入差距

从计量分析结果来看，城乡金融发展规模差异和效率差异在长期具有扩大城乡收入差距的作用，是导致城乡收入差距加剧的格兰杰原因，金融发展规模差异的影响要大于金融效率差异的影响（协整方程中弹性系数分别为 4.7157 和 0.7227），但在短期内城乡金融效率差异对城乡收入差距的影响不显著（误差修正模型中系数没有通过显著性检验）；城乡金融规模差异具有缩小城乡收入差距的效应，但影响甚微，其弹性系数为 -0.106，其主要原因是：与农村相比，城镇金融规模的相对扩张并未在短期内促进城镇经济比农村经济更快增长，金融资源优势尚未发挥。

金融发展主要通过金融中介的成本效应和人力资本投资来影响收入差距。金融机构的“门槛效应”直接缩减了低收入者，尤其是广大农民运用资金进行实业及人力资本投资的机会。当穷人不能承担融资成本而无法像富人那样利用金融市场进行高风险高收益的投融资时，金融发展将加剧收入不平等程度。因此，金融中介的成本效应和人力资本投资收益率的差异性使社会阶层出现分化，穷人越穷，富人越富。自 1978 年改革开放以来，中国的金融系统在金融资源的配置上表现出明显的城镇化倾向，其结果导致了大量资金从农村通过金融中介（主要是银行）流向城市，形成农村金融服务供给不足，城市积聚和集中了大量的金融资源的非均衡格局。一方面城乡金融发展的差距会强化金融市场的“门槛效应”，使农村人力资本投资的收益率远低于城镇。另一方面，这种城乡金融资源配置的非均衡将通过实际经济途径和虚拟经济途径导致城乡资本积累差异、技术进步差异，最终演化为城乡劳动生产率差异，扩大了城乡收入差距。但资本积累、技术进步、人力资本投资具有较长的周期，故城乡金融发展差异对城乡收入差距的扩大效应在短期并不显著，只有在长期内才能体现出来。

（二）城镇化与城乡收入差距

实证检验结果表明，城乡收入差距与城镇化水平之间存在长期均衡关系，城镇化水平提高是缩小城乡收入差距的格兰杰原因，但在短期内城镇化水平的提高对城乡收入差距没有影响。城镇化一方面可以通过就业效应转移农村剩余劳动力，而劳动力的流动则会带动要素报酬的均等化从而缩小收入差距（Todaro，1969）。另一方面农村剩余劳动力转移到城镇，可以促进农业规模化和产业化经营从而提高农村劳动生产率。此外，农村劳动力减少导致农产品供应短缺，可以提高农产品价格。但城镇化缩小城乡收入差距的效应需要一定的时滞。我国户籍制度改革滞后，城镇就业制度中的歧视政策，城乡劳动者工资差别，以及阻碍农业规模化和产业化经营的土地流转制度，这些因素都制约了城镇化在缩小城乡收入差距中的积极作用。

城镇化和城乡金融发展差异还会通过它们之间的交互作用影响城乡收入差距，一方面城镇数量的增加和规模的扩大，导致更多的金融资源向城镇集聚，加大了城乡金融发展差距；另一方面金融资源集聚城镇加快了城镇化进程，最终会导致城乡收入差距的变化。

（三）政府经济行为与城乡收入差距

中国城乡收入差距的一个重要源头显然是政府干预经济的行为——偏向城镇的经济政策，这种城镇倾向的经济政策更多是由地方政府实施的。中央和地方政府偏向城镇的财政、税收政策，以及面向城镇居民的教育、就业、医疗、社会保障等方面的福利措施，无疑会间接增加城镇居民的实际收入，扩大城乡收入差距。即使取消了限制劳动力流动的户籍制度，这些倾向性政策也会使农村居民迁移到城镇后面临更高的生活成本，因此劳动力的流动依然难以缓解城乡收入差距问题。此外，城镇倾向的经济政策还通过一系列间接途径影响城乡收入差距。实证检验的结果也支持上述观点，但政府经济行为拉大城乡收入差距的负面效应只有在长期才能显著地体现出来，短期内对城乡收入差距的影响不明朗。

第五章

高等教育发展对城乡收入差距的影响

第一节　教育发展对经济增长的贡献——基于状态空间模型的研究

一、文献综述

在1776年出版的《国民财富的性质和起因的研究》一书中，亚当·斯密首次把人的知识、经验以及能力视为生产要素和国民财富的主要内容，指出劳动技巧的熟练水平要通过教育培训才能提高。此后，人力资本理论经舒尔茨、贝克尔、阿罗、罗默、丹尼森、卢卡斯等知名学者完善与补充，成为最有影响的经济理论之一。

教育作为提升人力资本的主要途径，不少学者对教育与经济发展的关系进行了研究。如舒尔茨运用余数分析法、斯特鲁米林运用劳动简化法、丹尼森运用增长因素分析法等分别探索了教育对经济增长的贡献。曾维莲、孙前路等（2019）选取了2006～2017年西藏自治区的劳动力人口受教育程度、从业人员数量等数据进行实证分析后发现，自就业改革以来西藏高等教育对经济增长的年平均贡献率为1.99%，显著低于全国平均水平。王美婷、林谦（2019）基于2002～2016年的相关变量数据，通过建立误差修正模型（ECM）和向量自回归模型（VAR）的实证研究，结果表明，中职教育发展在一定程度上可以促进经济增长，但经济增长对拉动中职教育发展的作用有限，即经济增长与中职教育的发展不协同。王磊对2004～2007年全国31个省、市、自治区的面板数据进行实证检验，得出各地职业教育对经济增长的平均贡献率为0.23%的结论。申树斌（2019）的研究表明，东北地区高等教育发展和相对布局调整总体上表现出对经济增长的技术进步溢出效应，辽宁省和吉林省高等教育发展和相对布局调整主要通过技术进步路径影响经济增长，黑龙江省高等教育发展和相对布局调整主要通过规模扩张路径影响经济增长。Jorgenson. etc（2016）通过研究美国工人受教育程度与经济增长的关系，揭示了教育职能分工对经济增长影响的差异性。杨勇等（2016）基于1992～2010年我国GDP等相关数据，分析了经济发展与高等职业教育规模之间的关系，得出高等职业教育规模和经济提升之间具有相关性的结论。苏荟、刘奥运（2019）的研究结果表明：教育固定资产投入、财政性教育经费投入对于拉动区域经济增长有正向作用，中等职业教育在校人数对区域经济增长弹性系数为负。王叶军、周京奎（2019）的研究显示：高等教育的经济促进作用体现在短期和长期，中等职业教育的经济促进作用体现在短期。梁海燕、徐超（2016）则指出中西部高等教育的经济促进作用大于东部地区。崔玉平（2000）检验了1982～1990年高等教育对经济增长的贡献。此外，林廷春等（2005）、成涛和峻峰（2006）、樊华（2006）采用不同的方法研究了高等教育在经济发展中的作用。

上述研究中大多缺乏理论基础和数理模型作为依托，对教育变量（或人力资本）和经济变量施加控制变量进行静态回归，没有考虑改革开放30多年来经济结构的变化，且教育变量多以各级各类学校在校生人数或毕业生数为度量标准，而非劳动力的受教育程度；物质资本都以当年资本形成额作为代理变量，不是以资本存量为计量标准。鉴于此，本书在构建理论模型的基础上，科学合理选择变量，利用状态空间模型对教育与经济增长的关系进行研究，全面、动态刻画二者的时效关系。

二、理论模型与数据来源

卢卡斯经济增长模型把资本划分为人力资本和物质资本两种，认为人力资本是经济增长的核心要素，充分强调了人力资本在经济增长中的重要作用。我们构建包含人力资本外溢效应的规模报酬递增的生产函数：

$$Y = K^{\alpha} L^{1-a} h^{\gamma}, \quad a + \gamma > 1 \tag{5-1}$$

其中，Y表示总产出；K表示物质资本存量；L表示人力资本存量；h表示人均人力资本水平；α是物质资本的产出弹性；γ是人均人力资本水平的产出弹性，反映了人力资本外溢效应的大小。模型不考虑制度条件和技术水平对经济增长的影响。

我们对式（5－1）两边同时除以 L，再取对数，得到式（5－2）：

$$ln\frac{Y}{L} = aln(\frac{K}{L}) + \gamma lnh \tag{5-2}$$

人力资本水平是指能影响经济增长的劳动者的能力素质，包括人的体力和智力，是非物质财富的一部分，其特点是难以准确计量，影响作用难以量化，鉴于其计量的复杂性和难度以及教育在人力资本水平形成中的重要作用，我们用劳动力人均受教育程度（$EDUCA$）来代理，则最终的计量方程为：

$$ln\frac{Y}{L} = aln(\frac{K}{L}) + \gamma lnEDUCA \tag{5-3}$$

国内生产总值（Y），用国内生产总值指数（以 1978 年为基期）将可比价格计算的国内生产总值统一折算成实际国内生产总值。

人力资本存量（L），我们以当年全国从业人数为准。

关于物质资本存量的估算方法，目前有永续盘存法和资本租赁价格法。永续盘存法假定资本品的相对效率服从几何递减的模式，在这种模式下折旧率和重置率是相同的，其计算公式如下：

$$K_t = K_{t-1}(1 - \delta) + I_t \tag{5-4}$$

其中，K_t、K_{t-1} 分别表示 t 和 $t-1$ 期的物质资本存量；δ 为折旧率；I_t 表示 t 期的净投资额。折旧率 δ 采用大多数文献采用的 5% 的折旧率；由于《中国统计年鉴》中固定资产投资价格指数有些年份数据缺失，对于净投资额 I_t，采用零售商品价格指数（以 1978 年为基期）对当年的固定资产投资进行平减来表示；基期物质资本存量，我们采用张军教授在《对中国资本存量 K 的再估计》一文中估计的 1977 年的资本存量为标准（1949～1977 年间的固定资产投资额数据不全）①。

劳动力人均受教育年限（$EDUCA$），由于数据来源不同，本书采用两种计量方法。1978～1998 年劳动力人均受教育程度采用三次产业从业人员受教育年限的加权平均数来表示，即 $E = \sum_{i=1}^{3} E_i W_i$，$E_i$ 分别表示第一、第二、第三产业从业人员的平均受教育年限，W_i 分别表示第一、第

① 张军，章元．对中国资本存量 K 的再估计［J］．经济研究，2003（7）：35－43.

二、第三产业从业人员的比重，其原始数据来源于王金营的论文《1978年以来中国三次产业从业人员受教育水平估计》①。1999～2010年劳动力人均受教育程度采用各个学历层次的从业人员所受的教育年限的加权平均数来衡量，$e = \sum_{i=1}^{6} e_i w_i$，其中$e_i$分别表示小学、初中、高中、大专、本科、研究生的受教育年限，w_i表示相应学历层次的从业人员的比重，我们将小学、初中、高中、大专、本科、研究生的受教育年限分别确定为6年、9年、12年、15年、16年、19年。1999年的数据来源于《中国统计年鉴》，2000年的数据来源于周文岩的论文《我国在业人口受教育程度分析》②，2002～2004年的数据来源于《中国劳动统计年鉴》，2006～2009年的数据来源于《中国人口和就业统计年鉴》，2005年和2010年的劳动力人均受教育年限采用内插法计算得到。由于数据来源不同，统计口径存在差异，本书对数据进行了微调。

本书中国内生产总值、国内生产总值指数、固定资产投资、全国就业人数、零售商品价格指数都来源于《中国统计年鉴》。对数据进行整理、计算得到从业人员人均GDP、人均资本、人均受教育年限如图5-1、图5-2、图5-3所示。

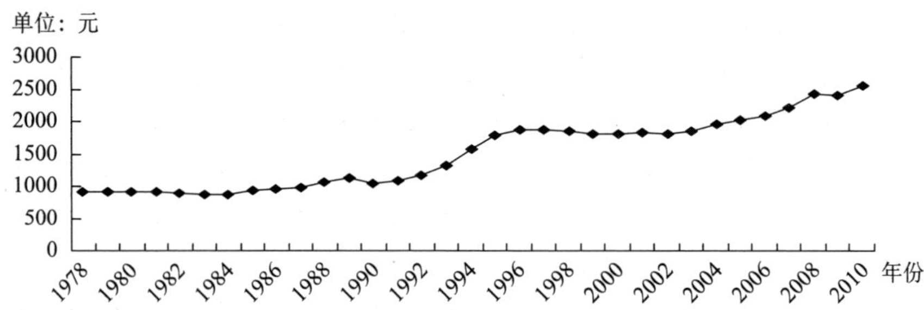

图5-1　1978～2010年的人均GDP（Y/L，折算成1978年的价格表示的GDP）

① 王金营.1978年以来中国三次产业从业人员受教育水平估计［J］.人口研究，2002(3)：70-76.

② 周文岩.我国在业人口受教育程度分析［J］.西北人口，2004（1）：43-45.

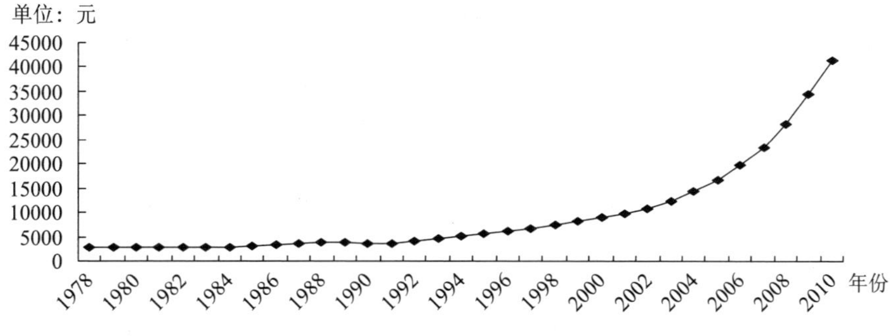

图 5－2　1978～2010 年的人均资本存量（K/L）

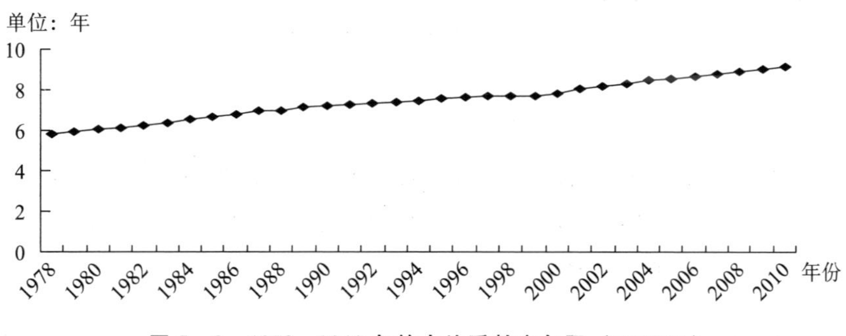

图 5－3　1978～2010 年的人均受教育年限（EDUCA）

三、实证分析

为了避免伪回归问题，状态空间模型要求变量之间存在协整关系。所以在构建状态空间模型之前，需要对变量 ln(Y/L)、ln(K/L)、lnEDUCA 进行平稳性和协整关系检验。

（一）变量的单位检验和协整分析

1. 单位根检验。运用 ADF 检验对变量 ln（Y/L)、ln（K/L)、lnEDUCA 的水平值和一阶差分进行单位根检验。从表 5－1 中的检验结果来看，在 10% 的显著性水平上，各变量的水平值是非平稳的，但其一阶差分都是平稳的。

表 5 - 1　　单位根 ADF 检验结果

变量	检验类型 (C, T, K)	ADF 检验值	1% 临界值	5% 临界值	10% 临界值	结论
ln (Y/L)	(C, N, 1)	-0.204053	-3.661661	-2.960411	-2.619160	非平稳
D [ln (Y/L)]	(C, N, 0)	-3.247601*	-3.661661	-2.960411	-2.619160	平稳
ln (K/L)	(C, T, 0)	0.618153	-4.273277	-3.557759	-3.212361	非平稳
D [ln (K/L)]	(C, T, 0)	-3.612165*	-4.284580	-3.562882	-3.215267	平稳*
lnEDUCA	(C, T, 0)	-2.161019	-4.273277	-3.557759	-3.212361	不平稳
D (lnEDUCA)	(C, T, 0)	-3.924004*	-4.284580	-3.562882	-3.215267	平稳

注：检验类型（C，T，K）中 C 表示常数项；T 表示时间趋势项；K 表示滞后阶数；N 是指不包括 C 或 T；D 表示一阶差分；* 表示在 5% 的显著性水平上拒绝原假设；k 根据 AIC、SC 值选取。

2. 协整关系检验。本书采用 Johansen 检验法（1988）对变量 ln（Y/L）、ln（K/L）、lnEDUCA 进行协整检验。Johansen 检验法是基于动态分布滞后模型（VAR）来估计模型的长期均衡关系，其公式为：

$$Y = \sum_{i=1}^{k} \lambda_i Y_{t-i} + \sum_{i=0}^{k} \theta_i X_{t-i} + \mu_i \tag{5-5}$$

检验前要确定模型的滞后阶数，表 5 - 2 中的检验结果显示，VAR 模型最佳滞后阶数为 1。我们在构建 VAR（1）模型的基础上，进行协整检验。

表 5 - 2　　VAR 模型最佳滞后阶数检验

Lag	logL	LR	FPE	AIC	SC	HO
0	47.56254	NA	1.03e-05	-2.970836	-2.830716	-2.926010
1	231.8084	319.3594*	8.72e-11*	-14.65389*	-14.09341*	-14.47459*
2	239.4879	11.77530	9.73e-11	-14.56586	-13.58502	-14.25208
3	248.2962	11.74445	1.04e-10	-14.55308	-13.15189	-14.10483

由表 5 - 3 可以看出，迹检验和最大特征根检验都表明：在 5% 的显著性水平上，变量 ln（Y/L）、ln（K/L）、lnEDUCA 之间存在唯一的协整关系。

表 5－3　　变量的 Johansen 协整检验结果

零假设	特征值	迹			最大特征根		
		统计量	1% 临界值	概率值	统计量	1% 临界值	概率值
None *	0.528794	39.49572	35.19275	0.0161	22.57377	22.29962	0.0458
At most 1	0.322904	16.92195	20.26184	0.1355	11.69825	15.89210	0.2042
At most 2	0.159807	5.223703	9.164546	0.2598	5.223703	9.164546	0.2598

注：* 表示在 5% 的显著性水平上拒绝原假设。

（二）状态空间模型分析

改革开放以来，我国经济结构逐步进行了调整，经济变量之间的关系也发生了巨大变化，利用固定参数模型分析难以适应经济结构变化的需要，而利用状态空间模型的时变参数模型可以研究经济变量的动态变化特征。状态空间模型具有两大优点：一是将不可观测的变量（状态变量）并入可观测模型并与其一起得到估计结果，二是利用卡尔曼滤波这种强有力的迭代方法来进行估计。状态空间方程由一组量测方程和状态方程构成：

量测方程为：$y_t = Z_t a_t + d_t + u_t$，$t = 1, 2, \cdots, T$　　(5－6)

其中，y_t 是包含 k 个经济变量的 $k \times 1$ 维可观测变量；a_t 是 $m \times 1$ 维状态向量；Z_t 表示 $k \times m$ 矩阵；T 表示样本长度；d_t 表示 $k \times 1$ 向量。

u_t 表示 $k \times 1$ 维向量，是协方差矩阵为 H_t；均值为 0 的连续不相关扰动项，即 $\mathrm{var}(u_t) = H_t$，$E(u_t) = 0$。

状态方程为：$a_t = T_t a_{t-1} + c_t + R_t \varepsilon_t, t = 1, 2, \cdots, T$　　(5－7)

式（5－7）中，a_t 的元素不可观测；c_t 表示 $m \times 1$ 向量；T_t 表示 $m \times m$ 矩阵；R_t 表示 $m \times g$ 矩阵；ε_t 表示 $g \times 1$ 维向量是协方差矩阵为 O_t、均值为 0 的连续不相关扰动项，即 $\mathrm{var}(\varepsilon_t) = O_t$，$E(\varepsilon_t) = 0$。

本书根据含有人力资本外溢效应的经济增长模型，建立如下状态空间方程：

量测方程：$\ln(Y/L) = SV_{1,t} \times \ln(K/L) + SV_{2,t} \times \ln(EDUCA) + C_1 TIME + [\mathrm{var}(C_2) = \exp(C_2)]$　　(5－8)

$$\text{状态方程：}\begin{aligned} SV_{1,t} &= SV_{1,t-1} \\ SV_{2,t} &= SV_{2,t-1} \end{aligned} \qquad (5-9)$$

量测方程表示就业人员人均 GDP 和人均资本存量、人均受教育水平的一般关系，其中 $SV_{1,t}$ 、$SV_{2,t}$ 为可变参数，即状态参数，是不可观测变量，C_1 是固定参数，*TIME* 是时间趋势项，状态方程描述状态变量的生成过程。利用 Kalman 滤波算法估计可变参数的状态空间模型，估计结果如表 5 -4 所示。

表 5 -4　　状态空间方程的参数估计结果

状态变量	最终状态值	z - Statistic	Prob.
SV_1	0. 221658	3. 399784	0. 0007
SV_2	2. 804254	9. 792317	0. 0000

从表 5 -5 和图 5 -4、图 5 -5 可以看出：1978 ~2010 年，劳动力受教育水平的提高和人均资本存量的增加对经济增长具有显著的正向作用，教育发展对经济增长的平均弹性系数为 1. 076，资本对产出的平均弹性系数为 0. 623，这与赵显洲（2012）估计的结果较为一致，他计算出中部五省教育、资本平均产出弹性系数为分别为 1. 01 和 0. 703。资本积累和教育发展的产出弹性系数都为正，但二者的变化方向相反，这表明物质资本和人力资本具有很强的替代性，2002 年以后教育的产出弹性远高于资本的产出弹性系数，这表明我国经济发展由以资本投放为主的粗放式模式转向以发展教育和科技、提升人力资本水平为主的内涵式发展模式。

教育的产出弹性系数出现较大的波动，1979 ~1981 年教育对产出的平均弹性系数为 1. 662，这主要是 1977 年中国恢复了中断 10 年的高考制度，1977 年冬和 1978 年夏，中国迎来了世界历史上规模最大的考试，报考总人数达到 1160 万人，大专院校共计招生人数 60. 7 万人，这为当时培养高素质人才，快速提升人力资本水平做出了巨大贡献，同时也使中国的人才培养重新步入了健康发展的轨道。1986 ~2002 年，教育的产出弹性系数较为平稳。2003 年以后教育的产出弹性系数快速上升，2010 年教育的产出弹性系数为 2. 804，这主要源于 1999 年本科生扩招、2003 年研究生扩招，高等教育这种大众化发展模式为全面提升人才素质打开了通道，使人力资本水平在经济增长中发挥了重要作用。

1978～2010年，资本的产出弹性系数为0.222～0.819。1978年全国工作重心转移到经济建设上，确立了改革开放的决策，解放了生产力，工农业生产得到进一步恢复，资本的产出弹性系数较高，达到0.819。1984年10月党的十二届三中全会召开以后，以城市为重点的经济体制改革全面展开，主要围绕着企业的自主权、所有制、股份制、用工制度、厂长负责制、横向经济联合、市场流通体制、财政金融和税收等多方面的内容，这些举措提高了国有资本和民营资本的投资效率，资本的产出弹性系数保持在较高的水平。从2002年下半年开始，我国步入重化工业高速增长时期，投资率由2002年的36.1%上升到2006年52.2%，盲目投资、低水平重复建设现象严重，2008年为了刺激经济增长中央投资4万亿元，这种建立在外延扩张方式上的投资增长使得投资效率持续下降，2010年资本的产出弹性系数降到0.222。

表5-5　时变参数 α_t（SV_1）、γ_t（SV_2）的估计值

年份	α_t	γ_t	年份	α_t	γ_t
1978	0.819	0.181	1995	0.644	0.987
1979	0.435	1.915	1996	0.667	0.899
1980	0.491	1.664	1997	0.701	0.759
1981	0.548	1.408	1998	0.731	0.633
1982	0.654	0.935	1999	0.740	0.596
1983	0.741	0.548	2000	0.730	0.636
1984	0.784	0.359	2001	0.707	0.733
1985	0.771	0.414	2002	0.667	0.903
1986	0.782	0.368	2003	0.611	1.141
1987	0.803	0.273	2004	0.550	1.399
1988	0.794	0.316	2005	0.478	1.705
1989	0.764	0.448	2006	0.403	2.025
1990	0.732	0.586	2007	0.343	2.282
1991	0.701	0.7209	2008	0.303	2.454
1992	0.677	0.828	2009	0.255	2.661
1993	0.655	0.924	2010	0.222	2.804
1994	0.641	0.994	平均	0.623	1.076

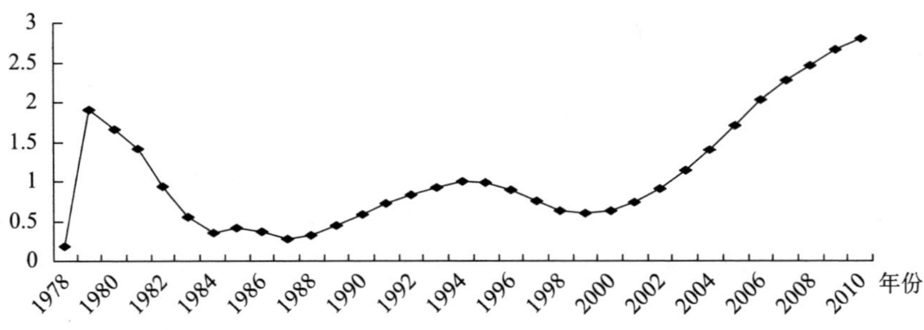

图 5－4　教育的产出弹性

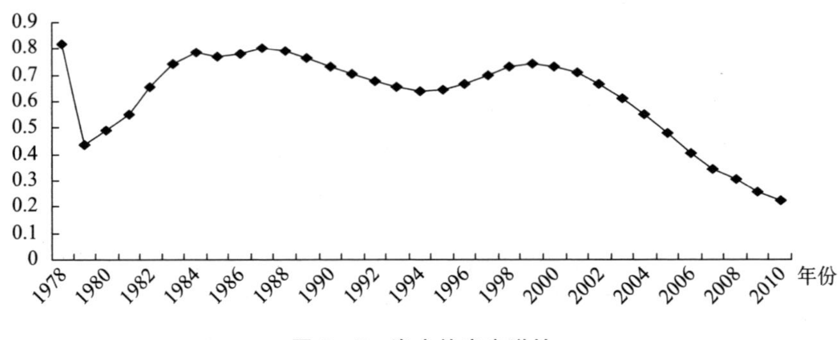

图 5－5　资本的产出弹性

（三）各要素对经济增长贡献的测度

为了进一步分析各要素对经济增长作用的大小，需要计算各要素对经济增长的贡献率。设产出增长率 $r_y = dY/Y$，要素增长率分别为：$r_K = dK/K$、$r_L = dL/L$、$r_E = dEDUCA/EDUCA$，我们对其全微分后可得到经济增长的速度方程和各要素对经济增长的贡献率方程：

$$r_y = r_K + (1-a)\ r_L + r_E \tag{5-10}$$

$$R_{ei} = \frac{r_i e_i}{r_y} \times 100\% \tag{5-11}$$

其中，R_{ei}为各要素的贡献率；e_i 为各要素的产出弹性。我们计算出各要素的贡献率如表 5－6 和图 5－6 所示。

表 5－6　　各要素对经济增长的贡献率

年份	Y 增长率	K 增长率	L 增长率	EDUCA 增长率	K 贡献率	L 贡献率	EDUCA 贡献率
1979	5.401	1.039	2.172	1.943	8.379	22.702	68.919
1980	6.168	2.345	3.259	2.018	18.678	26.880	54.443
1981	5.274	2.394	3.220	1.781	24.895	27.572	47.534
1982	5.470	4.073	3.591	1.672	48.717	22.698	28.585
1983	5.557	4.982	2.519	2.212	66.466	11.729	21.805
1984	7.091	6.856	3.792	2.497	75.785	11.562	12.653
1985	8.700	9.144	3.477	2.056	81.076	9.137	9.787
1986	9.107	10.001	2.825	1.825	85.848	6.77	7.382
1987	9.641	10.444	2.923	2.471	87.035	5.968	6.996
1988	8.396	9.790	2.938	0.064	92.536	7.223	0.241
1989	5.682	5.612	1.831	2.150	75.44	7.612	16.948
1990	8.637	5.077	15.507	1.308	43.042	48.086	8.872
1991	5.434	6.546	1.392	0.593	84.480	7.657	7.863
1992	7.725	9.851	1.165	0.822	86.307	4.875	8.818
1993	10.811	14.324	1.249	1.074	86.842	3.982	9.176
1994	9.929	13.107	1.244	1.091	84.577	4.503	10.919
1995	8.792	11.381	1.113	1.077	83.402	4.503	12.094
1996	8.504	10.867	1.329	0.908	85.195	5.209	9.596
1997	8.094	10.455	1.089	0.582	90.521	4.027	5.452
1998	8.731	11.362	0.513	0.457	95.099	1.582	3.319
1999	8.431	10.918	0.899	0.204	95.777	2.777	1.446
2000	9.275	11.065	2.124	0.979	87.116	6.176	6.708
2001	10.682	11.482	1.304	2.975	76.005	3.575	20.419
2002	10.325	12.511	0.979	1.834	80.795	3.161	16.045
2003	11.554	14.898	0.938	1.834	78.727	3.163	18.11
2004	11.647	16.368	1.032	1.561	77.271	3.988	18.741
2005	11.087	17.942	0.831	1.217	77.368	3.913	18.720
2006	11.005	18.864	0.758	1.456	69.091	4.113	26.795
2007	10.391	19.146	0.772	1.454	63.189	4.883	31.928
2008	7.689	19.086	－1.852	1.304	75.181	－16.79	41.612
2009	9.248	21.604	0.349	1.308	59.546	2.815	37.639
2010	8.668	21.278	0.365	1.308	54.411	3.280	42.309

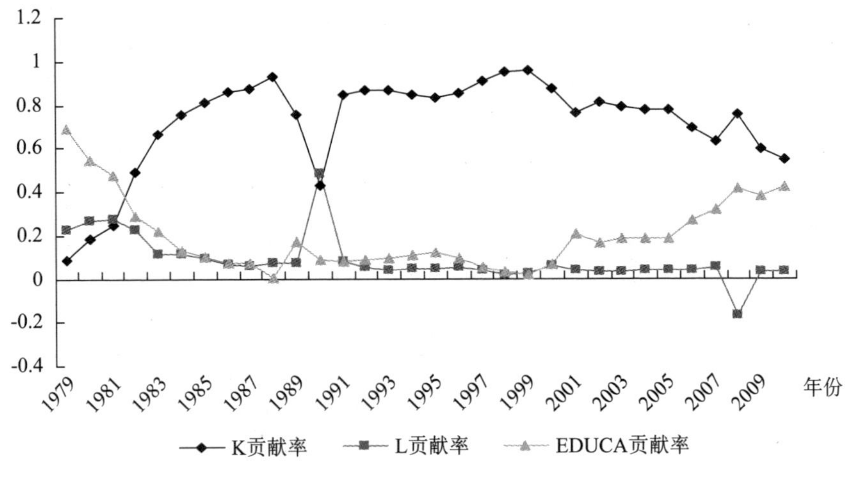

图 5－6　各要素对经济增长的贡献率

从表 5－6 和图 5－6 可以看出：资本仍然是我国经济长期增长的主要动力，1979～2010 年资本对经济增长的贡献率虽有波动，但平均贡献率为 78%。中国经济是一种粗放型增长方式，短期内技术进步还不能发挥主要作用，资本积累将在相当一段时间内推动中国经济增长。事实上，无论是人力资源、技术进步还是制度变迁都离不开资本投入。资本积累转化为有效投资，就能实现经济增长的目标。

人力资本存量对经济增长的贡献率逐渐下降，2008 年人力资本存量对经济的贡献率为－16.79%，这主要是受全球金融危机的影响，大量的企业倒闭破产，即使生存下来的企业也大幅裁员，导致失业人数剧增。

1979～2010 年教育对经济增长的贡献率出现了三次波动，1979～1984 年教育对经济增长的平均贡献率为 38.99%，而韩宗礼（1990）估算出我国 1964～1987 年教育对国民收入增长的贡献为 36%，二者较为一致，1985～2000 年教育对经济增长的平均贡献率 8.34%，2001～2010 年教育对经济增长的平均贡献率 16.05%。1977 年恢复高考制度，对于大力发展教育、全面提升人力资本素质起到了很好的示范效应；1999 年以后的高考扩招、2003 年的研究生扩招，使得人力资本素质大幅度提升，单位劳动的产出效率提高，教育对产出的贡献率逐步上升。

四、结论

本书采用永续盘存法对我国 1978 ~ 2010 年的物质资本存量进行了测算，采用教育年限法对劳动力人均受教育程度进行了量化，在此基础上利用状态空间模型对教育与经济增长的关系进行实证研究，全面动态刻画二者的时效关系。

教育和物质资本存量对经济增长的产出弹性系数出现较大的波动，二者的变化方向相反，这表明物质资本和人力资本之间具有很强的替代性。随着我国经济发展由以资本投放为主的粗放式模式向以发展教育和科技、提升人力资本水平为主的内涵式发展模式的转变，教育在经济发展中的作用有了显著提升，2002 年以后教育的产出弹性远高于资本的产出弹性系数，2001 ~ 2010 年教育对经济增长的平均贡献率为 16.05%。虽然教育对经济增长的贡献有所上升，但物质资本仍然是我国经济增长的主要驱动因素，1979 ~ 2010 年资本对经济增长的平均贡献率为 78%。

经济全球化和知识经济的并行发展决定了教育和科技在未来世界经济发展格局中的重要作用。改革开放 40 多年来，我国教育发展取得了巨大成就，国民素质普遍提高。但我国教育发展以增长为目标，在总量的增长中，出现价值的失衡和扭曲，教育公平问题突显，突出表现为地区之间、城乡之间、学校之间的教育差距呈现加大之势；而 20 世纪 90 年代中期之后，主要利用市场机制发展教育——所谓“教育产业化”的路线，导致我国教育规模膨胀，但教育质量没有上升，甚至有所下降。为此，我国教育发展既要考虑教育的公平性，更要关注教育质量，全面培养适应未来经济和社会发展的、具有创新能力的高素质人才。只有这样，我国才能真正实现经济结构的优化升级和国民经济又好又快的发展。

第二节 高等教育发展对城乡收入差距的影响——基于中国省际面板数据的实证分析

一、文献综述

关于教育发展对城乡收入差距的影响，近年来的研究逐渐增多，且研究方法也趋于多样化。王琛、刘楷（2020）采用空间计量的方法分析教育支出对于城乡收入差距的影响，研究发现城镇导向的教育投入增长不仅不会缩小城乡收入差距，反而会使其扩大。王小鲁和樊纲（2005）研究发现，我国城镇高收入人口显著占有更多教育资源，从而加剧了城乡收入差距。罗勇、潘海燕（2020）利用武陵山片区的数据，实证分析公共教育支出对缩小城乡收入差距是否存在边际递增效应，发现人均教育经费支出对缩小城乡收入差距具有较强的递增作用。吕炜、杨沫等（2015）运用2001～2011年面板数据构建联立方程与分布滞后模型，探讨了教育投入对缩小城乡教育不平等以及收入差距的重要作用。李鹏、王明华（2014）从动态经济学角度指出，教育投入对城乡收入差距的影响表现出周期性，城乡教育差距的缩小并没有为缩小城乡收入差距带来好处。

至于高等教育发展对城乡收入差距的影响，研究文献较少。已有文献主要研究基础教育与城乡收入差距的关系，而研究高等教育与城乡收入差距的文献很欠缺。刘敏楼（2008）通过省际间的综列数据计量分析来探讨教育、人力资本与城乡差距的关系，基本结论是：基础教育不是形成城乡收入差距的原因，因为其普及程度比较高，在城乡之间没有太大的差距；而高等教育则与城乡收入差距存在“U”形关系。蔡文伯、黄晋生（2019）基于2006～2016年的数据，采用门槛效应模型区域高等教育投入与城乡收入差距的关系进行分析，结果发现：从全国层面来看，高等教育投入促进了城乡收入差距的扩大，在中等经济增速省区最为明显；分地区来看，这种促进作用在东西部更为明显，中部地区不显著。张辉、易天（2017）基于分级教育视角，研究了教育与城乡收入差距的关系，结果表明：职业教育和普通高等教育对我国城乡收入差距缩小都有促进作用，并且职业教育的促进作用高于普通高等教育，但高中教育则扩大了城乡收入差距；高中教育与职业教育对城乡收入差距影响的地区效应差异不显著，但普通高等教育存在显著的地区差异。

关于高等教育与城乡收入差距关系的研究比较零散，缺乏系统性，且多是基于教育投入的视角，而从高等教育质量和规模的视角出发的研究实在罕见。鉴于此，本书利用 1997 ~2010 年全国 31 个省市自治区的面板数据就高等教育发展对城乡收入差距的影响进行专门、系统研究。

二、高等教育发展状况与城乡收入差距变化分析

（一）高等教育发展状况

改革开放以来，我国高等教育发展迅速。1978 年全国普通高校 598 所，招生数为 40.2 万人；而 2011 年全国普通高校为 2409 所，招生数为 681.5 万人。尤其是近 10 年来，高等教育规模迅速膨胀。

一是高校数量猛增。从各地高校绝对数来看（见表 5 -7），增长数量接近 80 所的省份为山东、江苏和广东，分别由 2000 年的 47 所、69 所、52 所增至 2010 年的 132 所、150 所、131 所；河北、浙江、安徽、江西、河南、湖北、湖南、四川、陕西普通高校数量增幅均超过了 50 所。2000 年，每百万人口拥有高校数量超过 2 所的省市仅有北京、天津、上海三市，每百万人口拥有高校数量超过 1 所的省市自治区仅有辽宁、吉林、西藏、陕西、青海、宁夏；2010 年，每百万人口拥有高校数量超过 2 所的省市自治区有北京、天津、山西、辽宁、吉林、黑龙江、上海、福建、湖北、陕西、宁夏，河北、内蒙古、江苏、浙江、安徽、江西、湖南、广西、海南、重庆、西藏、甘肃、青海、新疆每百万人口拥有高校数量均超过 1.5 所。

表 5－7　　　　2000 年、2010 年各省高校数量

省份	2000 年		2010 年		省份	2000 年		2010 年	
	高校数	每百万人口高校数	高校数	每百万人口高校数		高校数	每百万人口高校数	高校数	每百万人口高校数
北京	58	4.196816	87	4.434251	湖北	54	0.895820	120	2.094972
天津	21	2.097902	55	4.234026	湖南	52	0.807453	117	1.780822
河北	51	0.756228	110	1.529052	广东	52	0.601713	131	1.254669
山西	24	0.727934	73	2.042529	广西	30	0.668300	70	1.518438
内蒙古	18	0.757576	44	1.779935	海南	5	0.635324	17	1.956272
辽宁	64	1.510146	112	2.560000	重庆	22	0.711974	53	1.837088
吉林	34	1.246334	56	2.038588	四川	42	0.504262	92	1.143567
黑龙江	35	0.948767	79	2.061049	贵州	23	0.652482	47	1.350963
上海	37	2.210275	67	2.909249	云南	24	0.559701	61	1.325511
江苏	69	0.927669	150	1.906214	西藏	4	1.526718	6	1.993355
浙江	35	0.748343	101	1.854232	陕西	39	1.081831	90	2.409639
安徽	42	0.701637	111	1.863354	甘肃	18	0.702576	40	1.562500
福建	28	0.806684	84	2.274574	青海	7	1.351351	9	1.598579
江西	32	0.772947	85	1.904975	宁夏	6	1.067616	15	2.369668
山东	47	0.517678	132	1.376721	新疆	16	0.831169	37	1.693364
河南	52	0.561798	107	1.137693					

资料来源：根据《中国统计年鉴》的数据整理。

二是高校学生人数猛增。如表 5－8 所示，2000～2010 年，山东、江苏、河南、广东高校在校学生人数分别增加了 1306056 人、1197586 人、1183326 人、1120605 人，其中山东、江苏在校学生人数超过了 160 万人，河南、广东在校学生超过了 140 万人；河北、湖北、湖南、四川高校在校学生增长幅度均超过了 80 万人，在校学生总数都突破了 100 万人。2000 年，每 10 万人口在校学生人数超过 2000 人的仅有北京，每 10 万人口在校学生人数超过 1000 人的仅有天津和上海两市。2010 年，天津、北京每 10 万人口在校学生人数分别为 3304.265 人、2992.385 人，辽宁、上海、江苏、湖北、陕西每 10 万人口在校学生人数也都超过了 2000 人，河北、

山西、内蒙古、吉林、黑龙江、浙江、安徽、福建、江西、山东、河南、湖南、广东、广西、海南、重庆、四川、西藏、甘肃、宁夏、新疆每10万人口在校学生人数都突破了1000人。

表5－8　　2000年、2010年各省高校在校学生数

省份	2000年		2010年		省份	2000年		2010年	
	在校生人数	十万人口在校生数	在校生人数	十万人口在校生数		在校生人数	十万人口在校生数	在校生人数	十万人口在校生数
北京	280282	2028.09	587106	2992.385	湖北	357728	593.4439	1296920	2264.176
天津	119117	1189.98	429224	3304.265	湖南	265849	412.809	1047241	1593.974
河北	252571	374.5122	1105118	1536.166	广东	306019	354.1067	1426624	1366.367
山西	125023	379.2023	562924	1575.053	广西	123729	275.6271	567516	1231.054
内蒙古	71868	302.4747	371388	1502.379	海南	19193	243.8755	150806	1735.397
辽宁	307931	726.5951	880247	2011.993	重庆	126279	408.6699	522719	1811.851
吉林	181019	663.5594	544392	1981.769	四川	245648	294.931	1086215	1350.174
黑龙江	210146	569.6557	719117	1876.121	贵州	79833	226.4766	323293	929.2699
上海	226798	1354.827	515661	2239.084	云南	95893	223.6311	439042	954.0243
江苏	451844	607.4805	1649430	2096.111	西藏	5475	208.9695	31109	1033.522
浙江	192371	411.3128	884867	1624.503	陕西	244723	678.8433	927769	2483.987
安徽	191824	320.4544	938954	1576.22	甘肃	82577	322.3146	381526	1490.336
福建	137859	397.1737	647774	1754.059	青海	13485	260.3282	44994	799.1829
江西	148589	358.9106	816484	1829.861	宁夏	17463	310.7295	80206	1267.077
山东	325317	358.3181	1631373	1701.474	新疆	81043	421.0026	251160	1149.474
河南	273404	295.3803	1456730	1548.889					

资料来源：根据《中国统计年鉴》的数据整理。

三是高校教职工人数猛增。如表5－9所示，从2000～2010年，山东、江苏、广东、河南高校教职工数分别增加了84190人、79797人、74536人、66049人，河北、湖南、湖北、四川、陕西高校教职工数增长均超过了4万人。从生师比来看，2000年，高校生师比超过6:1的仅有安徽、福建、河南、广东、广西，生师比超过5:1的有河北、山西、江苏、浙江、江西、山东、湖南、重庆、四川、贵州，北京高校生师比仅

为2.665443:1。2010年，安徽、河南高校生师比均超过13:1，河北、内蒙古、江苏、浙江、福建、江西、山东、湖北、湖南、广东、广西、海南、重庆、四川、贵州、云南、甘肃高校生师比均超过10:1。从上述数据可知，高校在校学生数量增长快于教职工数量增长。

表5-9　　2000年、2010年各省高校教职工数

省份	2000年		2010年		省份	2000年		2010年	
	教职工数	生师比	教职工数	生师比		教职工数	生师比	教职工数	生师比
北京	105154	2.665443	133874	4.385512	湖北	72265	4.950225	123491	10.50214
天津	25952	4.58987	45194	9.497367	湖南	46642	5.699777	94871	11.03858
河北	46327	5.451918	94548	11.68843	广东	46827	6.535097	121363	11.75502
山西	24950	5.010942	56909	9.891652	广西	19304	6.409501	50701	11.19339
内蒙古	19228	3.737674	36439	10.19205	海南	3848	4.987786	12360	12.20113
辽宁	61707	4.990212	93183	9.446433	重庆	24970	5.057229	48356	10.80981
吉林	41813	4.329252	59535	9.144067	四川	46092	5.329515	100503	10.80779
黑龙江	43120	4.873516	75741	9.494422	贵州	14884	5.363679	29721	10.87759
上海	60799	3.730292	74161	6.953264	云南	19847	4.831612	39676	11.06568
江苏	78850	5.730425	158647	10.39686	西藏	1673	3.272564	3312	9.392814
浙江	35083	5.483311	79785	11.09064	陕西	52220	4.686385	98536	9.415533
安徽	31860	6.020841	71264	13.17571	甘肃	16557	4.987437	32865	11.60888
福建	21826	6.316274	58660	11.04286	青海	4229	3.188697	6682	6.733613
江西	25573	5.810386	70753	11.53992	宁夏	3996	4.37012	9174	8.742751
山东	54910	5.924549	139100	11.72806	新疆	17892	4.529566	26770	9.382144
河南	44378	6.1608	110427	13.19179					

资料来源：根据《中国统计年鉴》的数据整理。

（二）城乡收入差距变化分析

我国经济获得高速发展的同时城乡收入差距也在不断扩大。从全国层面来看（见表5-10和图5-7），1986年，城乡居民人均收入绝对差为404.1元，城乡居民人均收入比1.95:1，城乡收入差距泰尔指数为

0.050；而 2010 年，城乡居民人均收入绝对差为 13190 元，城乡居民人均收入比 3.23∶1，城乡收入差距泰尔指数为 0.146。从各个省市自治区来看，2010 年，贵州、云南城乡居民收入差距超过了 4 倍，西藏、陕西、甘肃、青海城乡居民收入差距超过了 3.5 倍。

表 5－10　　1986～2010 年城乡居民收入差距变化情况

年份	1986	1988	1990	1992	1994	1996	1998	2000	2002	2004	2006	2008	2010
城乡居民收入绝对差	404.1	574.5	823.9	1243	2275	2913	3263	4027	5227	6485	8173	11020	13190
城乡居民人均收入比	1.95	2.05	2.20	2.58	2.86	2.51	2.51	2.79	3.11	3.21	3.28	3.31	3.23
城乡收入差距泰尔指数	0.050	0.059	0.072	0.108	0.135	0.104	0.104	0.129	0.155	0.159	0.160	0.158	0.146

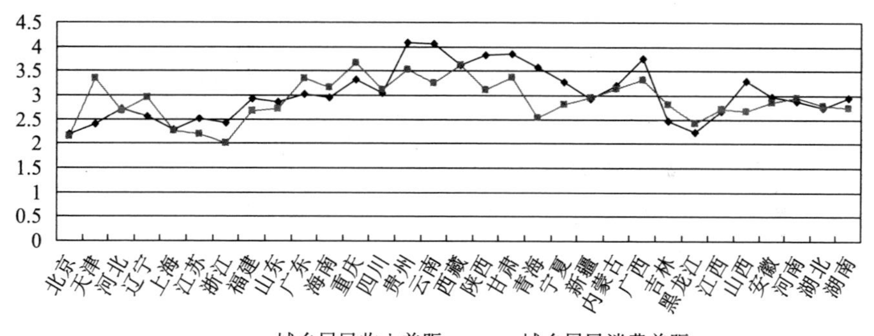

图 5－7　2010 年全国 31 个省市自治区城乡居民收入差距和消费差距

注：资料根据《中国统计年鉴（2011）》的数据整理；城乡居民收入差距为城镇居民人均可支配收入与农村居民人均纯收入之比，城乡消费差距为城乡居民人均消费支出比。

三、高等教育发展对城乡收入差距的影响分析

（一）理论分析

新经济增长理论认为，经济增长动力包括四个要素：劳动、资本、

技术进步和人力资本。教育发展对经济增长的作用主要是通过技术进步和人力资本的提升来实现的。高等教育发展对城乡收入差距具有双重影响。其积极影响主要是高等教育通过为农村培养高素质人才（培养大学生，培训农民工、乡村干部、农技工作人员），提升人力资本，促进农村经济增长；同时，高校是科研的主要力量，为农村、农业生产技术研发提供了良好的平台，这对促进农村产业结构升级、提高农村生产率发挥了巨大的作用。其不利影响是大量来自农村的高校毕业生留在城市工作，转为非农村人口，导致农村优秀人才流失，加剧了城乡收入差距。

（二）实证检验

为了检验高等教育发展对城乡收入差距的影响及其区域效应，我们从全国和区域两个层面进行研究。将全国 31 个省市自治区按照国家统计局的标准分为三大地区，东部地区包括北京、河北、天津、辽宁、江苏、福建、上海、广东、海南、山东、浙江 11 个省级行政区；中部地区包括河南、黑龙江、江西、安徽、湖北、山西、吉林、湖南 8 个省级行政区；西部地区包括新疆、四川、贵州、西藏、云南、陕西、青海、内蒙古、甘肃、广西、重庆、宁夏 12 个省级行政区。

1. 模型构建与数据来源。建立以下计量模型来检验高等教育发展对城乡收入差距的影响：

$$GapR_{it} = a_{it} + a_1 EduS_{it} + a_2 EduQ_{it} + a_3 City_{it} + a_4 Ind_{it} + a_5 Fsa_{it} + a_6 Trad_{it} + a_7 Mark_{it} + a_8 Investment_{it} + \delta Year + \psi_{it} \quad (5-12)$$

（1）变量说明。被解释变量，城乡收入差距（*GapR*），本书以城镇居民人均可支配收入与农村居民人均纯收入之比来测定城乡收入差距。

解释变量。我们从教育规模和教育质量两个方面衡量高等教育的发展程度。高等教育规模（*EduS*），用各省高校在校学生人数占各省总人口数之比来衡量。高等教育质量（*EduQ*），用各省高校教职工总数与在校学生总人数之比来衡量。

控制变量。城镇化水平（*City*），我们以各省非农业就业人口占总就业人口的比重来度量。*Ind* 表示产业结构，本书用第二、三产业产值占 GDP 的比重来衡量。*Fsa* 表示财政支出水平，我们用地方财政支出占地方

GDP 的比重衡量。*Trad* 表示经济开放程度，最常见的测定指标就是贸易依存度（即进出口总额/GDP）；此外，也有学者用进出口总额与利用外资总额之和占 GDP 的比重来度量。由于部分省份利用外资的数据缺失，本书用贸易依存度表示经济开放程度。*Mark* 表示市场化水平，多数文献采用非国有经济单位职工人数占职工总数的比重来测量，考虑到每个劳动力匹配的资本数量的差异，本书用各省非国有经济固定资产投资占总固定资产投资的比例来衡量。*Investment* 表示资本投入，用各省固定资产投资总额占 GDP 的比重来衡量。本书还加入了最后一个变量时间趋势项 *Year*。

（2）数据来源。本书关于全国 31 个省市自治区的城镇居民人均可支配收入、农村居民人均纯收入、高校在校学生人数、高校教职工数、总人口数、非农业就业人口、总就业人口、各地区 GDP、第二和第三产业的产值、财政支出总量、进出口贸易总额、各年度美元汇率、总固定资产投资、非国有经济固定资产投资的数据均来源于《中国统计年鉴》（1998～2011 年）。此外，由于《中国统计年鉴》中西藏城镇居民人均可支配收入的数据不全，我们就以《西藏统计年鉴（2011）》的数据为标准。由于重庆 1997 年以前无数据，所以将所有数据的时间跨度定为 1997～2010 年。

2. 面板数据的单位根检验和协整检验。

（1）单位根检验。本书首先对面板数据进行单位根检验和协整检验，以避免出现伪回归现象。我们采用 ADF－Fisher、PP－Fisher 和 LLC 三种方法同时检验各个变量的稳定性。其中，ADF－Fisher 和 PP－Fisher 应用了 Fisher 的结果，通过结合不同截面成员单位根检验的 P 值，构造出渐近服从于卡方分布和正态分布的两个统计量，用来检验面板数据是否存在单位根，适用于不同根情形下的单位根检验；而 LLC 仍然采用 ADF 检验形式，是针对相同单位根情形下的单位根检验。而从表 5－11 中的检验结果可以知道，在 10% 的显著性水平上，三种检验方法都表明，变量 GapR、City、Ind、Fsa、Trad、Mark、Investment 水平值都不拒绝含有单位根的假设，而其一阶差分都拒绝含有单位根的假设，这表明上述变量的一阶差分是平稳的；变量 EduS、EduQ 的水平值只有 LLC 检验方法显示不含单位根，而 ADF - Fisher、PP - Fisher 检验都表明含有单位根，而其一阶差分在三种检验方法下都拒绝含有单位根的假设，因此我们有充分的理由判断变量 EduS、EduQ 的一阶差分是平稳的。

表 5 - 11　　面板单位根检验结果

变量	LLC	ADF - Fisher Chi - square	PP - Fisher Chi - square	结论
GapR	1.43268 (0.9240)	19.5906 (1.0000)	14.7789 (1.0000)	非平稳
D (GapR)	-16.5149* (0.0000)	205.209* (0.0000)	313.560* (0.0000)	平稳
EduS	-1.38696*** (0.0827)	74.5527 (0.1318)	1.11468 (1.0000)	非平稳
D (EduS)	-4.00916* (0.0000)	79.9264*** (0.0624)	100.726* (0.0014)	平稳
EduQ	-4.05601* (0.0000)	48.2153 (0.9002)	37.5482 (0.9940)	非平稳
D (EduQ)	-6.60830* (0.0000)	124.541* (0.0000)	132.427* (0.0000)	平稳
City	3.67078 (0.9999)	22.8604 (1.0000)	13.5201 (1.0000)	非平稳
D (City)	-12.7449* (0.0000)	180.256* (0.0000)	223.090* (0.0000)	平稳
Ind	12.0983 (1.0000)	1.03918 (1.0000)	0.66045 (1.0000)	非平稳
D (Ind)	-8.73179* (0.0000)	151.866* (0.0000)	187.120* (0.0000)	平稳
Fsa	-0.19720 (0.4218)	35.3108 (0.9975)	32.6225 (0.9992)	非平稳
D (Fsa)	-12.8793* (0.0000)	194.234* (0.0000)	212.877* (0.0000)	平稳

续表

变量	LLC	ADF - Fisher Chi - square	PP - Fisher Chi - square	结论
Trad	0.75243 (0.7741)	32.0003 (0.9994)	34.4567 (0.9982)	非平稳
D (Trad)	-15.4304* (0.0000)	233.893* (0.0000)	264.449* (0.0000)	平稳
Mark	7.31142 (1.0000)	5.57117 (1.0000)	5.27277 (1.0000)	非平稳
D (Mark)	-11.0178* (0.0000)	221.150* (0.0000)	260.601* (0.0000)	平稳
Investment	10.8387 (1.00000)	19.5794 (1.0000)	15.6559 (1.0000)	非平稳
D (Investment)	-5.79184* (0.0000)	144.044* (0.0000)	175.586* (0.0000)	平稳

注：滞后项的选择采用施瓦茨（Schwarz）最小信息准则确定，* 表示在1%显著性水平上拒绝原假设，** 表示在10%显著性水平上拒绝原假设。

（2）协整检验。我们利用 Kao 检验对变量 GapR、EduS、EduQ、City、Ind、Fsa、Trad、Mark、Investment、Year 进行协整检验，结果表明（见表5-12），在1%的显著性水平上上述变量之间存在长期的均衡关系。

表5-12　　Kao 检验结果

变 量	检验假设	统计量名	统计量值	概率
GapR、EduS、EduQ、City、Ind、Fsa、Trad、Mark、Investment、Year	H_0：不存在协整关系（$\rho=1$）	ADF	-4.049447	0.0000

3. 回归结果分析。采用固定效应的 OLS 法进行面板回归虽然可以克服不随时间变化的异质性，但忽略了可能存在的内生性问题，而在固定效应基础上的工具变量法（TSLS 法，工具变量为滞后一期的解释变量和控制变量）能对潜在的内生性问题进行处理，其结论更具可靠性。

表5-13列出了采用TSLS法进行估计的全国、东部、中部、西部地区面板数据的回归结果。从全国层面来看，高等教育规模的扩张和教育质量的提升都具有缩小城乡收入差距的作用。高等教育规模扩张对城乡收入差距的影响大于教育质量提升对城乡收入差距的影响。控制变量城镇化、财政支出水平也具有减缓城乡收入差距的效应，但产业结构变化、经济开放度的提高则扩大了城乡收入差距，市场化和资本投入水平对城乡收入差距没有显著影响。分区域来看，高等教育规模的扩张只在东部地区具有缩小城乡收入差距的作用，而在中部、西部地区这种效应并不显著。高等教育质量的提升无论是在东部、中部还是西部都具有缩小城乡收入差距的作用。控制变量城镇化只在西部地区具有减缓城乡收入差距的效应；在东部、西部地区财政支出水平都具有缩小城乡收入差距的作用；产业结构变化在东部地区具有扩大城乡收入差距的作用；经济开放度在各地区的影响并不一致，在东部地区扩大了城乡收入差距，在西部地区则缩小了城乡收入差距。至于时间趋势项，全国和分区域的估计结果表明，城乡收入差距在全国、东部和西部都具有随时间扩大的趋势。

表5-13　　　　模型Ⅰ估计结果统计

变量	全国	东部	中部	西部
C	2.084721* (0.793903)	-2.419144** (1.063962)	1.881232 (2.140770)	6.643011* (1.766649)
EduS	-13.71690*** (7.703790)	-26.03516* (5.683354)	-4.969145 (39.65945)	-9.585952 (20.69035)
EduQ	-1.670517* (0.549022)	-1.166509*** (0.596812)	-4.116688* (1.248936)	-2.266220** (0.929043)
City	-1.581569* (0.556508)	-1.113115 (0.729887)	1.337993 (0.896416)	-4.394701* (1.169481)
Ind	2.666557* (1.000100)	6.174549* (1.521325)	0.957091 (2.317930)	-0.009537 (2.278033)
Fsa	-2.814628* (0.457989)	-3.311243* (0.907322)	-1.490334 (5.327952)	-2.165256* (0.774291)

续表

变量	全国	东部	中部	西部
Trad	0. 282029 ***	0. 521817 *	0. 462584	-3. 233688 **
	(0. 169842)	(0. 131456)	(3. 308755)	(1. 525635)
Mark	-0. 328745	0. 099692	0. 978767	-1. 059015
	(0. 373490)	(0. 271570)	(1. 035533)	(0. 914694)
Investment	0. 031499	0. 753592 *	-0. 368833	-0. 816137
	(0. 172273)	(0. 144394)	(0. 610031)	(0. 592511)
Year	0. 062727 *	0. 041714 *	-0. 027300	0. 153868 *
	(0. 014824)	(0. 013702)	(0. 081527)	(0. 038604)
obs	403	143	104	156
A - R^2	0. 903250	0. 895717	0. 849074	0. 742052
F - statistic	103. 5405 *	93. 06806 *	52. 90075 *	26. 07704 *
WALD - TEST	10. 67238 *	34. 73669 *	17. 17239 *	37. 79960 *

注：括号内为标准差，* 表示在 1% 的水平上显著，** 表示在 5% 的水平上显著，*** 表示在 10% 的水平上显著。

第六章

缩小城乡收入差距的对策

一、提高城镇化和工业化质量，统筹城乡协调发展

城镇化与工业化主要是通过两种途径缩小城乡差距：一是通过转移农村中的过剩劳动力，促进农业的产业化、规模化、集约化经营，优化农村产业结构，提高农业生产率。与此同时，农村劳动力转移到城镇和工业部门，加剧了城镇和工业部门劳动力市场竞争，降低了城镇居民和工业部门劳动者的工资收入，而农村剩余劳动力减少将导致留守农村的农民劳动报酬提高。二是通过改变工业产品和农产品的供求关系缩小城乡收入差距。农村和农业部门就业人口的减少、非农就业人口的增加改变了农产品的供求均衡和结构，增加了对农产品的有效需求。此外，作为工业原材料的初级农产品，其需求会随着工业的发展而增加。这两种因素都会导致农产品价格上升，增加农民的农业经营收入。

因此，要提高城镇化和工业化质量，推动产业和城镇融合发展，即城镇化要与工业化、信息化和农业现代化同步推进、稳态发展；产业要为城镇化发展提供强有力的支撑，城镇化要为产业的发展搭建好载体平台，产业集群和城市群协同发展。在城镇化、工业化建设过程中应充分发挥其促进农民增收、缩小城乡差距的积极效应，引导社会经济资源在城乡间合理配置，优化城乡产业结构，实现农村劳动力的有效转移和集聚，发挥城市经济对农村的辐射带动作用，统筹城乡协调发展。首先，要改革城乡分割的户籍制度、就业制度、社会保障和教育制度，逐渐消除城乡间的差别，并积极完善城乡劳动力自由流动与就业服务公平共享的相关机制，加快农村剩余劳动力向城镇和工业部门转移的步伐，为农业适度规模经营和提高农业剩余劳动生产力创造条件；打破收入分配不平等的制度约束，提高农民非农收入，在此基础上逐步形成公平合理的城乡收入分配格局，使城乡居民共享经济发展的成果。其次，大力发展乡镇企业，进一步拓宽农民的非农就业渠道，以乡镇企业引领农村经济发展，带动农业产业结构优化升级。再次，彻底改变工农业产品价格“剪刀差”的现象，增加对农产品的需求，尤其是商业性农产品和深加工性农产品的需求，加快农村品流通体系建设，培育流通主体，提高流通

组织化水平，完善农产品批发市场体系，提升综合服务功能。最后，构建起工业反哺农业、城市带动农村的长效机制，改革收入分配制度，利用税收杠杆调节行业间的收入差距。

二、全面推进旅游业发展，促进城乡融合和缩小城乡收入差距

从研究结果来看，国内旅游人次增长率与国内旅游总花费增长率在长期都具有缩小城乡收入差距的作用，国内旅游人次增长率的影响要大于国内旅游总花费增长率对城乡收入差距的影响；国际旅游发展减缓城乡收入差距和消费差距的效果显著。旅游发展对城乡收入差距的影响主要通过以下三种途径：一是收入效应。随着旅游国际化、全球化的发展，大量境外游客和国内游客到中国乡村旅游、体验农家生活，其住宿、餐饮、购物、导游及其他劳务费用成为农民增收的主要渠道。二是就业效应。旅游业是产业关联度很强的产业，它的发展会带动住宿、餐饮、交通运输，以及娱乐、环保、农业、制造业的发展，产生众多的间接就业机会，而这些行业的就业者主要为缺乏知识技术的农民工。与此同时，大量农村剩余劳动力转移到旅游业或与旅游相关的行业，可以促进土地规模经营，优化产业结构，提高农村生产率。三是农产品价格效应。从事农业生产的农民减少，导致农产品供应紧张，从而推动农产品价格上涨、促进农民增收。

因此，要大力发展旅游业，延伸旅游产业链条，不断强化旅游产业集聚态势，促进旅游集聚在城乡间的均衡布局，最大程度释放集聚经济效应与技术外溢效应；充分发挥乡村旅游、扶贫旅游在脱贫攻坚中和缩小城乡差距中的积极作用，推进乡村特色旅游小镇建设。一是充分发挥农村田园风貌、村落景观、乡土风情等能够体现乡村性和生态意境的特色资源优势，挖掘农耕文化和生态内涵，全面规划旅游发展蓝图，完善旅游基础设施，加快旅游人才的培养与储备工作，培育优势旅游项目，为游客提供观光、休闲、体验、健身、娱乐等一体化的旅游活动，发挥旅游产业对资源的优化配置和对乡村经济发展的引领和推动作用。二是要拓展旅游发展模式，优化产业结构、延伸产业链，推动农业和旅游业

深度融合与联动发展，实施全域旅游发展战略，促进旅游扶贫与产业扶贫、财政扶贫、金融扶贫等扶贫模式和手段的全面融合，构建全方位立体式扶贫体系。三是要完善乡村旅游开发中的土地流转机制以及当地居民参与和利益分享机制，出台标准化的乡村旅游法律法规，充分发挥旅游业劳动密集型行业及强产业关联度行业特点，大量吸收农村剩余劳动力，积极拓展旅游就业空间，同时激励城镇人才下乡及民工返乡参与旅游就业与创业，并促进城镇资金、技术、知识要素向乡村旅游领域流动与扩散；同时提高乡村旅游管理和服务水平，充分发挥旅游产业对边缘地带的辐射效应，带动旅游目的地周边发展，促进城乡融合和缩小城乡收入差距。

三、提高财政支农支出规模与效益、优化支出结构

研究结果表明，财政支农支出缩小城乡收入差距的效果显著。因此，我国要建立国家支农资金稳定增长机制，加大财政支农力度；同时多渠道拓展财政支农资金的来源，建立以国家财政投入为引导，银行信贷、民间社会资本等各类资金为补充的多元化、多渠道财政支农体系，提高财政支农支出规模和效益、优化支出结构，整合支农资源，形成支农合力，充分发挥财政支农支出在统筹城乡协调发展、缩小城乡收入差距过程中的积极作用。在配置和使用财政支农资金时应注重效率，强化和完善对财政支农资金流向与使用过程、环节的监督和管理，增强财政支农信息的透明度，加强村级财务管理，惩治预防财政支农资金使用过程中的渎职腐败、偷拿挪用等行为，保证财政支农资金专款专用，能够切实有效地解决“三农”问题。

实证分析结果也表明，农村生产性支出显著地缩小了城乡收入差距，农林水利气象等部门事业费支出则扩大了城乡收入差距。因此，要改变地方政府在财政支农资金流向上“重基本建设、轻公共服务和人力资本”的倾向，提高财政支农资金直接投放到农村生产领域的比重，推动农业土地集约利用，发展规模、生态、有机、高效农业，解放农村生产力，推动过剩劳动力合理、有序地向非农产业部门转移；激发农民创业积极

性，优化农民收入来源结构，提高农民收入水平；同时，应精简机构，控制我国农业事业单位经费的增长速度，将有限的支农支出切实致力于解决“三农”问题，促进农民增收。

四、破解城乡二元金融结构，缩小城乡金融规模差距和效率差距

通过研究发现，城乡金融发展规模差异和效率差异在长期具有扩大城乡收入差距的作用，是导致城乡收入差距加剧的格兰杰原因，金融发展规模差异的影响要大于金融效率差异的影响。金融发展主要通过金融中介的成本效应和人力资本投资来影响收入差距。金融机构的“门槛效应”直接缩减了低收入者，尤其是广大农民运用资金进行实业及人力资本投资的机会。当穷人不能承担融资成本而无法像富人那样利用金融市场进行高风险高收益的投融资时，金融发展将加剧收入不平等程度。因此，金融中介的成本效应和人力资本投资收益率的差异性使社会阶层出现分化，穷人越穷，富人越富。自1978年改革开放以来，中国的金融系统在金融资源的配置上表现出明显的城镇化倾向，其结果导致了大量资金从农村通过金融中介（主要是银行）流向城市，形成农村金融服务供给不足，城市积聚和集中了大量的金融资源的非均衡格局。一方面，城乡金融发展的差距会强化金融市场的“门槛效应”，使农村人力资本投资的收益率远低于城镇。另一方面，这种城乡金融资源配置的非均衡将通过实际经济途径和虚拟经济途径导致城乡资本积累差异和技术进步差异最终演化为城乡劳动生产率差异，扩大了城乡收入差距。

因此，要破解城乡二元金融结构、缩小城乡金融发展规模差异和效率差异。首先，要改革和完善农村金融体系，构建多层次、立体式服务农村经济的金融体系，形成分工细化和功能互补的金融格局，支持银行类金融机构实现乡镇网点全覆盖，加大政策性金融机构支农力度，多元化融通资金，满足农村金融需求。其次，要规范农村非正规金融发展，鼓励服务“三农”的非正规金融活动，解决农村金融供给不足短板，彻底扭转金融资源向城镇单向流动趋势；引导正规金融与非正规金融的合

作和差异化发展，实现非正规金融与正规金融的融合对接，全面提高农村金融规模和效率。最后，鼓励农村金融创新，创新和发展农村金融工具，探索多种担保方式，扩大抵押物范围，推动土地承包经营权、林权、房产等不动产和农机具等动产抵押担保形式；利用大数据、云计算、互联网、区块链等技术来优化农村金融服务模式，提高农村金融效率、拓展金融功能边界，缩小城乡金融规模差异和效率差异。

五、大力发展高等教育，提升农村人力资本水平

面板数据回归结果表明，从全国层面来看，高等教育规模的扩张和教育质量的提升都具有缩小城乡收入差距的作用，高等教育规模扩张对城乡收入差距的影响大于教育质量提升对城乡收入差距的影响。因此，要大力发展高等教育，扩大高等教育规模、提升高等教育质量，最终促进农村人力资本水平提升，缩小城乡人力资本差距。首先，鼓励农村居民加大私人教育支出，提升农村居民自身劳动力素质、形成人力资本积累意识，在农村家庭增加自身教育支出的同时，教育财政支出应该向农村居民适度倾斜。其次，优化城乡基础教育资源，调整基础教育格局，打破农村基础教育资源匮乏、城乡教育失衡局面，引导城镇优秀教师向农村学校流动，建立城镇学校和农村学校结对帮扶制度，在相互的帮助中推进城乡教育的共同发展与繁荣，避免因城乡基础教育差距加剧城乡家庭高等教育差距。再次，大力发展高等教育，加大高校招生向农村地区倾斜力度，完善“国家、地方、高校三大专项计划”招生制度，增加贫困地区学生获得到优质高校学习的机会，与此同时，应该从人才培养、就业创业等方面给予农村贫困地区学生更多的帮助与扶持，提高农村家庭投资高等教育的收益率。鉴于西部地区、贫困地区高等教育资源较为薄弱的现状，分布在东部地区、省会城市及直辖市等一、二线城市中的高水平大学应该精准扶持贫困地区的高校，结合其服务当地经济社会发展的办学定位，以及支撑当地优势产业的学科与专业，着力提高人才培养质量，进一步扩大优质高等教育资源的辐射带动作用，充分发挥高等教育产学研一体化在教育扶贫中的优势，提高贫困人口的自我发展能力。

最后，完善高等教育财政支出结构，实现高等教育的内涵式发展，支持和规范社会力量兴办高等教育，拓宽办学筹资渠道，探索多元主体合作办学，在高等学校内部完善学生资助制度体系建设，为农村贫困学生提供教育救助。

参考文献

[1] 陈讯，童华建．城市化与城乡收入差距变动的实证研究——基于1985～2003年中国数据［J］．生产力研究，2007（10）：65－66.

[2] 程开明，李金昌．城市偏向、城市化与城乡收入差距的作用机制及动态分析［J］．数量经济技术经济研究，2007（7）：116－125.

[3] 潘文轩．城市化与工业化对城乡居民收入差距的影响［J］．山西财经大学学报，2010（12）：20－29.

[4] 毛其淋．经济开放、城市化水平与城乡收入差距——基于中国省际面板数据的经验研究［J］．浙江社会科学，2011（1）：11－22.

[5] 陈晓毅．城市化、工业化与城乡收入差距——基于SVAR模型的研究［J］．经济经纬，2010（6）：21－24.

[6] 卢小祁，匡小平．城乡收入差距与经济增长、工业化、城市化相关性分析——以欠发达城市南昌为例［J］．江西社会科学，2011（7）：68－72.

[7] 王小鲁，樊纲．中国收入差距的走势和影响因素分析［J］．经济研究，2005（10）：24－36.

[8] 郭军华．中国城市化对城乡收入差距的影响——基于东、中、西部面板数据的实证研究［J］．经济问题探索，2009（12）：1－7.

[9] 沈颖郁，张二震．对外贸易、FDI与中国城乡收入差距［J］．世界经济与政治论坛，2011（11）：136－147.

[10] 喻微锋，吴刘杰．地方政府行为、金融发展与城乡收入差距——基于省际面板数据的实证研究［J］．广东金融学院学报，2011（5）：12－22.

[11] Sims, C. A. . Macroeconomics and Reality [J]. Econometrica, 1980 (48): 1 - 48.

[12] RF Engle & CWJ Granger. . Cointegration and Error Correction: Representation , Estimation, and Testing [J]. Econometrica 1987 (55): 251 - 176.

[13] S Johansen. . Statistical Analysis of Cointegration Vectors [J]. Journal of Economic Dynamics and Control 1988 (12): 231 - 254.

[14] Granger. C. W. J. . Investigating Causal Relations by Econometric Models and Cross - Spectral Methods [J]. Econometrica , 1969 (37): 424 - 438.

[15] 陆铭，陈钊．城市化、城市倾向的经济政策与城乡收入差距[J]. 经济研究，2004 (6): 50 - 58.

[16] Todaro Michael P. . A Model for Labor Migration and Urban Unemployment in Less Developed Countries [J]. The American Economic Review, 1969, 59 (1): 138 - 148.

[17] 苏雪串．城市化与城乡收入差距 [J]. 中央财经大学学报，2002 (3): 42 - 45.

[18] Simen Kuznets. . Economic Growth and Income Inequality [J]. The American Economic Review, 1955, 45 (1): 1 - 28.

[19] 许经勇．农村市场化程度低是加剧城乡收入差距扩大的重要原因 [J]. 经济纵横，2009 (9): 83 - 85.

[20] 周虹，方天堃．我国经济开放对城乡居民收入差距影响分析[J]. 农业经济，2006 (1): 27 - 28.

[21] 蔡昉，杨涛．城乡收入差距的政治经济学分析 [J]，中国社会科学，2000 (4): 11 - 22.

[22] 楼裕胜．金融发展差异与城乡居民收入差距关系研究 [J]. 华中科技大学学报（社会科学版），2008 (5): 42 - 47.

[23] 张前程，徐德云．城乡金融非均衡发展与城乡收入差距的关系分析 [J]. 兰州学刊，2010 (2): 74 - 76.

[24] 钱水土，程建生．金融非均衡发展对城乡收入差距影响的实证

研究［J］. 浙江金融，2011（8）：19－24.

［25］张立军，湛泳. 中国农村金融发展对城乡收入差距的影响——基于1978～2004年数据的检验［J］. 中央财经大学学报，2006（5）：34－39.

［26］郭剑雄. 人力资本、生育率与城乡收入差距的收敛［J］. 中国社会科学，2005（3）：27－37.

［27］陈斌开，张鹏飞，杨汝岱. 政府教育投入、人力资本投资与中国城乡收入差距［J］. 管理世界，2010（1）：36－43.

［28］Khan R. E. A.，Hashmi B. J. . Fiscal Policy and Income Inequality in Pakistan：An ARDL Approach［J］. European Journal of Economic Studies，2015，13（3）：161－174.

［29］沈坤荣，张璟. 中国农村公共支出及其绩效——基于农民收入增长与城乡收入差距的经验研究［J］. 管理世界，2007（1）：30－40.

［30］曹裕，陈晓红，马跃如. 城市化、城乡收入差距与经济增长——基于我国省级面板数据的实证研究［J］. 统计研究，2010（3）：29－36.

［31］张启良，刘晓红，程敏. 我国城乡收入差距持续扩大的模型解释［J］. 统计研究，2010（12）：51－56.

［32］王宏利. 中国工业化和城市化进程与居民收入分配决定研究［J］. 上海财经大学学报，2011（3）：59－65.

［33］魏浩，杨穗. 对外贸易、进出口商品结构与我国城乡收入差距［J］. 经济经纬，2011（5）：56－60.

［34］吴先华. 城镇化、市民化与城乡收入差距关系的实证研究——基于山东省时间序列数据及面板数据的实证分析［J］. 地理科学，2011（1）：68－73.

［35］郭军华. 中国城市化对城乡收入差距的影响——基于东、中、西部面板数据的实证研究［J］. 经济问题探索，2009（12）：1－7.

［36］王贝. 中国工业化、城镇化和农业现代化关系实证研究［J］. 城市问题，2011（9）：21－25.

［37］朱孔来，李静静，乐菲菲. 中国城镇化进程与经济增长关系的实证研究［J］. 统计研究，2011（9）：80－87.

[38] *Paniagua*. A. . *Urban – rural migration*, *tourism* entrepreneurs and rural restructuring in Spain [J]. *Tourism* Geographies, 2002, 4 (4): 349 – 371.

[39] 李如友. 中国旅游发展与城乡收入差距关系的空间计量分析 [J]. 经济管理, 2016 (9): 161 – 172.

[40] 赵宏中, 雷春燕. 旅游发展、城市化对城乡收入差距的影响——基于 1996 ~ 2015 年省级面板数据空间计量研究 [J]. 北京邮电大学学报 (社会科学版), 2019 (1): 101 – 111.

[41] 王明康, 刘彦平. 旅游产业集聚、城镇化与城乡收入差距——基于省级面板数据的实证研究 [J]. 华中农业大学学报 (社会科学版), 2019 (6): 78 – 88.

[42] 夏赞才, 龚艳青, 罗文斌. 中国旅游经济增长与城乡收入差距的变异关系 [J]. 资源科学, 2016 (4): 599 – 608.

[43] 侯冠平, 金海龙, 杨跃辉. 海南经济、旅游业、财政支出与城乡收入差距 [J]. 商业研究, 2013 (5): 140 – 146.

[44] 刘芳. 凤凰县旅游业发展对城乡居民收入水平的影响研究 [J]. 怀化学院学报, 2012 (6): 12 – 15.

[45] 马兴超, 马树才. 旅游发展能够降低城乡收入差距吗? ——来自浙江省县级层面的实证 [J]. 经济体制改革, 2017 (1): 18 – 25.

[46] 马兴超, 马树才. 旅游发展对城乡收入差距的影响效应与机制研究——基于浙江省 52 个县的面板数据分析 [J]. 华东经济管理, 2017, 31 (1): 13 – 22.

[47] 庞丽, 王铮, 刘清春. 我国入境旅游和经济增长关系分析 [J]. 地域研究与开发, 2006 (3).

[48] 王良健, 袁凤英, 何琼峰. 基于异质面板模型的我国省际旅游业发展与经济增长研究 [J]. 经济地理, 2010 (2).

[49] 甘永萍. 广西入境旅游发展的区域差异及影响因素分析 [J]. 商业研究, 2010 (11).

[50] 黄爱莲. 基于引力模型的中越入境旅游影响因素分析 [J]. 商业研究, 2011 (9).

[51] 赵东喜. 人民币汇率与中国入境旅游需求关系研究 [J]. 北京

第二外国语学院学报，2011（9）.

[52] 朱明芳，刘思敏.TRAMO/SEATS 在危机事件中对旅游影响研究的应用［J］. 旅游学刊，2007（6）.

[53] 王铮，袁宇杰，熊文.重大事件对上海市入境旅游需求的影响——基于 ADL 模型的分析［J］. 旅游学刊，2010（4）.

[54] 韩亚芬，孙根年，李琦.对外开放度与入境旅游发展关系研究——以山东/陕西两省为例［J］. 河北北方学院学报（社会科学版），2011（3）.

[55] 刘玉萍，郭郡郡.入境旅游与对外贸易的关系——基于中国 2001~2008 年月度数据的实证分析［J］. 经济地理，2011（4）.

[56] 赵东喜.福建入境旅游与经济增长和对外开放关系动态分析［J］. 福建师范大学学报（哲学社会科学版），2007（6）.

[57] Anselin, L.. Spatial Econometrics: Methods and Models. Dordrecht, Kluwer Academic Publishers, 1988: 1-10.

[58] 袁冬梅，魏后凯，杨焕.对外开放、贸易商品结构与中国城乡收入差距——基于省际面板数据的实证分析［J］. 中国软科学，2011（6）: 47-56.

[59] 周华.外商直接投资对东道国收入分配影响的长期效应：以中国为例［J］. 南开经济研究，2006（5）: 37-45.

[60] Wei, Shangjin and Yi Wu. Globalization and Inequality Evidence from Within China［R］. NBER Working Paper, No. 8611, 2001.

[61] 赵磊.旅游发展能否减小城乡收入差距？——来自中国的经验证据［J］. 旅游学刊，2011（12）: 15-25.

[62] 王铁，张全景.乡村旅游在缩小城乡差距中的作用——以 Pro-Poor Tourism（PPT）为核心［J］. 云南师范大学学报（哲学社会科学版），2010（5）: 152-156.

[63] 潘雪阳，王海鹏.发展乡村旅游缩小城乡收入差距的探讨［J］. 技术与市场，2010（5）: 93, 100.

[64] A. Aaron & M. C. McGuire.. Benefits and Burdens of Government Expenditure. Econometrica, 1970（5）: 42-51.

[65] Celilia, Turnovsky. Growth, Income Inequality and Fiscal Policy: What are the Relevant Trade offs [J]. Journal of Money, Credit and Banking, 2007, 39 (2): 369 - 394.

[66] Dodge DA. Impact of Tax, Transfer and Expenditure Policies of Government on the Distribution of Personal Incomes in Canada. Review of Income and Wealth, 1975 (1): 21 - 52.

[67] Xi Ming Wu, Jeffrey M Perloff, Amos Go - Lan . Effects of Government Policies on Urban and Rural Incone Inequality [J]. Review of Income and Wealth, 2006, 52 (2): 213 - 235.

[68] 马拴友，于红霞．转移支付与地区经济收敛 [J]. 经济研究，2003 (3): 26 - 33.

[69] 傅道忠．城乡差距及其二元财政成因探析 [J]. 财贸研究，2004 (2): 59 - 63.

[70] 赵人伟，李实．中国居民收入差距的扩大及其原因 [J]. 经济研究，1997 (9): 19 - 28.

[71] 冷志杰，唐焕文．农业财政政策效率实证分析 [J]. 农业技术经济，2005 (2): 33 - 39.

[72] 康书生，尹成远，刘振威．财政金融政策对农民收入绩效的实证研究 [J]. 中央财经大学学报，2010 (6): 7 - 12.

[73] 陆文聪，吴连翠．国家财政支农与农民增收的实证研究 [J]. 华南农业大学学报，2008 (1): 20 - 24.

[74] 黄小舟，王红玲．从农民增收的角度看我国财政支农资金绩效 [J]. 中央财经大学学报，2005 (1): 15 - 18.

[75] 徐鹏，张鹏．财政收支对城乡收入差距影响的实证分析 [J]. 云南财经大学学报，2008 (6): 37 - 42.

[76] 陈志刚，师文明．金融发展、人力资本和城乡收入差距——基于中国分省面板数据的实证研究 [J]. 中南民族大学学报（人文社会科学版），2008 (2): 144 - 149.

[77] 陈伟国，樊士德．金融发展与城乡收入分配的“库兹涅茨效应”研究 [J]. 经济经纬，2009 (1): 22 - 25.

[78] 钱水土，程建生．金融非均衡发展对城乡收入差距影响的实证研究［J］．浙江金融，2011（8）：19－24.

[79] 亚当·斯密．国民财富的性质和起因的研究［M］．北京：商务印书馆，1992.

[80] 曾维莲，孙前路，王明涛，敬久旺，赵玉红．西藏高等教育对经济增长贡献率的实证研究——自2006年西藏高等教育就业改革以来［J］．民族教育研究，2019（6）：72－78.

[81] 王美婷，林谦．中职教育与产业发展、经济增长关系的实证研究［J］．当代职业教育，2019（6）：51－58.

[82] 王磊．职业教育对经济增长贡献研究——基于省际面板数据的实证研究［J］．中央财经大学学报，2011（8）：80－85.

[83] 申树斌．东北地区高等教育发展与经济增长关系的实证分析［J］．辽宁大学学报（自然科学版），2019（4）：349－364.

[84] Dale W Jorgenson，Mun S Ho，Jon D Samuels．. Education，Participation and the Revival of US Economic Growth［J］．NBER Working Paper，No. 22453，2016：1－57.

[85] 杨勇，宁锐，齐旭高．我国高等职业教育规模对经济增长贡献率的实证分析［J］．中国职业技术教育，2016（9）：9－14.

[86] 苏荟，刘奥运．中等职业教育对区域经济增长的实证研究——基于新疆五大经济区面板数据［J］．职业教育研究，2019（4）：27－32.

[87] 王叶军，周京奎．高等教育、中等职业教育与城市经济增长——基于动态分布滞后模型的实证研究［J］．西北人口，2019（2）：49－58.

[88] 梁海燕，徐超．高等教育人口规模对经济增长的影响：地区异质性检验［J］．西北人口，2016（2）：47－52.

[89] 崔玉平．中国高等教育对经济增长率的贡献［J］．北京师范大学学报（人文社会科学版），2000，157（1）．

[90] 林廷春，丁佳．高等教育在经济发展中的作用——对台湾的实证研究［J］．教育与经济，2005，（1）．

[91] 成涛，峻峰．内蒙古高等教育规模对地方经济发展影响的实证

分析［J］. 内蒙古工业大学学报（社会科学版），2006，15（1）.

［92］樊华. 高等教育对经济增长影响的实证比较研究［J］. 辽宁教育研究，2006（2）.

［93］王琛，刘楷. 教育支出对城乡收入差距的影响研究［J］. 中国经贸导刊，2020（8）：40－42.

［94］罗勇，潘海燕. 武陵山片区教育支出对居民收入差距的影响——基于FGLS估计的实证研究［J］. 长沙民政职业技术学院学报，2020（2）：68－71.

［95］吕炜，杨沫，王岩. 城乡收入差距、城乡教育不平等与政府教育投入［J］. 经济社会体制比较，2015（3）：20－33.

［96］李鹏，王明华. 城乡教育差距与收入差距关系的实证研究［J］. 山西财经大学学报，2014（7）：24－32.

［97］刘敏楼. 教育、人力资本投资与城乡收入差距［J］. 现代管理科学，2008（2）：47－49.

［98］蔡文伯，黄晋生. 高等教育投入与城乡收入差距：抑制还是促进［J］. 黑龙江高教研究，2019（2）：74－79.

［99］张辉，易天. 分级教育、人力资本与中国城乡收入差距［J］. 广西社会科学，2017（11）：200－205.

［100］朱润喜，冯晓杰. 内蒙古城乡居民收入差距缩小缓慢的原因及解决对策［J］. 2018（62）：74－80.

［101］杨思莹，丁琳琳. 财政支农与城乡二元收入格局［J］. 学习与探索，2020（5）：148－155.

［102］王强. 城镇化、金融发展与城乡收入差距——基于2000～2017年省级面板数据的经验研究［J］. 焦作大学学报，2020（1）：70－75.

［103］张应良，徐亚东. 金融发展、劳动收入分配与城乡收入差距——基于省级面板数据的实证分析［J］. 改革，2020（11）：135－146.